CÓDIGO DE HAMURABI

AS LEIS DE MANU
LEIS DAS DOZE TÁBUAS

Organização

JAIR LOT VIERA

CÓDIGO DE HAMURABI

AS LEIS DE MANU

(Capítulos VIII e IX)

LEIS DAS DOZE TÁBUAS

(Fragmentos)

Tradução

EDSON BINI

Estudou filosofia na Faculdade de Filosofia,
Letras e Ciências Humanas da USP.
É tradutor há mais de 40 anos.

edipro

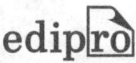

Copyright da tradução e desta edição © 2023 by Edipro Edições Profissionais Ltda.

Títulos originais: *La loi of Hammourabi*. Traduzido com base no texto estabelecido e traduzido para o francês por Vicent Scheil, publicado pela Ernest Leroux, em Paris, em 1904. *The laws of Manu*. Traduzido com base no texto traduzido para o inglês por G. Bühler, publicado pela Oxford University Press, em Londres, em 1886. *Leggi delle Dodici Tavole*. Traduzido com base no texto bilíngue latim/italiano de Lodovico Valeriani, publicado pela Pasquale Pagni, em Florença, em 1839.

Todos os direitos reservados. Nenhuma parte deste livro poderá ser reproduzida ou transmitida de qualquer forma ou por quaisquer meios, eletrônicos ou mecânicos, incluindo fotocópia, gravação ou qualquer sistema de armazenamento e recuperação de informações, sem permissão por escrito do editor.

Grafia conforme o novo Acordo Ortográfico da Língua Portuguesa.

4ª edição, 2023.

Editores: Jair Lot Vieira e Maíra Lot Vieira Micales
Produção editorial: Karine Moreto de Almeida
Tradução: Edson Bini
Preparação: Daniela Borges de Oliveira
Revisão: Marcia Men
Capa e Projeto gráfico: Aniele de Macedo Estevo
Diagramação: Karina Tenório

Dados Internacionais de Catalogação na Publicação (CIP)
(Câmara Brasileira do Livro, SP, Brasil)

Código de Hamurabi: as leis de Manu (capítulos VIII e IX): leis
     das doze tábuas (fragmentos) / organização Jair Lot Vieira;
     tradução Edson Bini. – 4. ed. – São Paulo: Edipro, 2023.

   Título original: La loi de Hammourabi

   ISBN 978-65-5660-129-8 (impresso)
   ISBN 978-65-5660-130-4 (e-pub)

   1. Código de Hamurábi 2. Direito antigo – Codificação
3. Direito civil – Babilônia 4. Hamurábi, Rei da Babilônia
5. Lei das XII Tábuas 6. Lex Talionis I. Vieira, Jair Lot.

23-173696   CDU-340.13(3)(094)

Índices para catálogo sistemático:
1. Antiguidade : Legislação :
Direito : 340.13(3)(094)
2. Justiça : Antiguidade : Direito : 340.13(3)(094)

Cibele Maria Dias – Bibliotecária – CRB-8/9427

São Paulo: (11) 3107-7050 • Bauru: (14) 3234-4121
www.edipro.com.br • edipro@edipro.com.br
@editoraedipro   @editoraedipro

O livro é a porta que se abre para a realização do homem.

Jair Lot Vieira

SUMÁRIO

CÓDIGO DE HAMURABI — 7
Nota introdutória — 9
Prólogo — 11
Código de Hamurabi — 15

AS LEIS DE MANU — 59
Nota introdutória — 61
As Leis de Manu — 65
Capítulo VIII — 65
Capítulo IX — 117

LEIS DAS DOZE TÁBUAS — 161
Nota introdutória — 163
Leis das Doze Tábuas — 165

CÓDIGO DE HAMURABI

REI DA BABILÔNIA EM TORNO DE 2000 a.C.

NOTA INTRODUTÓRIA

Hamurabi foi o mais notório rei da Primeira Dinastia da Babilônia, a qual governou por volta de 1792 a.C. a 1750 a.C. A notoriedade de seu reinado transcendeu os limites de seu império e de sua era graças a uma conquista monumental: o Código de Hamurabi, um dos documentos legais mais antigos e influentes da história da humanidade.

A liderança de Hamurabi foi feroz, expandindo as fronteiras da Babilônia e consolidando seu poder. No entanto, também destacou-se pela preocupação com a ordem e a justiça. A importância de Hamurabi é reconhecida por sua habilidade em unificar uma série de cidades-Estado mesopotâmicas sob uma única bandeira, estabelecendo um império próspero. Hamurabi forjou um sistema jurídico coeso para seus cidadãos.

O que conhecemos hoje como Código de Hamurabi é uma coleção de leis escritas em uma laje de pedra de diorito negra. Esse código não apenas reflete uma preocupação com a justiça, mas estabelece um padrão notável de leis que regulavam a vida cotidiana, o comércio, as relações familiares e diversos outros aspectos da vida comum no império babilônico. O código consistia em 282 leis, muitas das quais puniam crimes e infrações de maneira proporcional, estabelecendo assim um princípio fundamental de justiça: "olho por olho, dente por dente".

A criação do Código de Hamurabi representou um marco na história legal da humanidade, pois foi uma das primeiras tentativas registradas de codificar leis para governar uma sociedade. Isso não apenas trouxe maior clareza e uniformidade ao sistema legal, como também demonstrou a preocupação de Hamurabi com a equidade e o bem-estar de seu povo.

A descoberta

Apesar de sua importância histórica, o Código de Hamurabi ficou perdido no tempo, enterrado nas ruínas da antiga Babilônia, até sua redescoberta em 1901 pelo padre e estudioso francês Jean-Vincent Scheil na cidade de Susos, na Pérsia. A descoberta da estela de diorito revelou um tesouro de informações sobre a antiga civilização babilônica e uma janela para o mundo de Hamurabi. Desde então, o Código tem sido objeto de estudo e admiração, lançando luz sobre a vida, as leis e a moral da Babilônia antiga.

A parte superior do monumento de 2,25 metros de altura, 1,6 metro de circunferência e 2 metros de base apresenta um baixo-relevo que mostra o Deus-Sol (Chamash), protetor da justiça, entregando as tábuas da lei a Hamurabi, seguida de um Proêmio que justificava a origem divina daquelas leis; na parte inferior, nas 46 colunas dos 18 capítulos, encontram-se 282 artigos com 3.600 linhas. Partes deles se perderam devido à deterioração da pedra basáltica na qual estavam inscritos em caracteres cuneiformes.

Embora os tempos tenham mudado drasticamente desde a época de Hamurabi, seu Código deixou um legado duradouro que ressoa até os dias atuais. O princípio da equidade, tão enfatizado em seu Código, é uma pedra angular dos sistemas jurídicos modernos. Além disso, a ideia de que a lei deve ser escrita e acessível a todos é uma herança que Hamurabi deixou para o mundo.

À medida que mergulhamos na história de Hamurabi e em seu notável Código, esperamos descobrir as lições atemporais que essa antiga civilização nos deixou e compreender por que a figura de Hamurabi continua a inspirar gerações de estudiosos e juristas em todo o mundo. A pedra original está exposta atualmente no Museu do Louvre, em Paris.

Nota dos Editores

PRÓLOGO

Quando Anu, o Sublime, Rei dos Anunaki, e Bel, o senhor do Céu e da Terra, que decretaram o destino da terra, atribuíram a Marduk, o filho soberano de Ea, Deus da justiça, o domínio sobre o homem da terra e o tornaram grandioso entre os Igigi, eles chamaram Babilônia pelo seu ilustre nome, a engrandeceram na Terra e fundaram um reino eterno nela, cujos alicerces estão tão firmemente estabelecidos quanto os do céu e da terra. Então, Anu e Bel me chamaram pelo nome Hamurabi, o príncipe exaltado, que temia a Deus, para estabelecer o governo da justiça na terra, para destruir os ímpios e malfeitores, de modo que os fortes não prejudicassem os fracos, para que eu governasse sobre o povo de cabeça negra como Shamash e iluminasse a terra, para promover o bem-estar da humanidade.

Hamurabi, o príncipe, chamado por Bel sou eu, enriquecendo Nippur e Dur-ilu além da comparação, patrono sublime de E-kur; que restaurou Eridu e purificou o culto de E-apsu; que conquistou os quatro cantos do mundo, engrandeceu o nome de Babilônia, alegrando o coração de Marduk, seu senhor, que diariamente presta suas devoções em Saggil; a linhagem real que Sin fez; que enriqueceu Ur; o humilde, o reverente, que traz riquezas para Gish-shir-gal; o rei branco, ouvido por Shamash, o poderoso, que novamente lançou os alicerces de Sippara; que adornou os sepulcros de Malkat com verde; que fez E-babbar grande, semelhante aos céus, o guerreiro que guardou Larsa e renovou E-babbar, com Shamash como seu ajudante; o senhor que concedeu nova vida a Uruk, que trouxe abundante água para seus habitantes, elevou a cabeça de E-anna e aperfeiçoou a beleza de Anu e Nana; escudo da terra, que reuniu os habitantes dispersos de Isin; que enriqueceu abundantemente E-gal-mach; o rei protetor da cidade, irmão do deus Zamama; que estabeleceu firmemente as fazendas de Kish, coroou E-me-te-ursag com glória, multiplicou os grandes tesouros sagrados de Nana, gerenciou o templo de Harsag-kalama; o túmulo do inimigo, cuja ajuda trouxe a vitória; que aumentou o poder de Cuthah; fez tudo glorioso em E-shidlam, o touro negro, que feriu o inimigo; amado do deus Nebo, que alegrava os habitantes de Borsippa, o Sublime; incansável para E-zida; o rei divino da cidade; o Branco, Sábio; que ampliou os campos de Dilbat, que acumulou as colheitas para Urash; o Poderoso, o senhor a quem cetro e coroa vêm, com os quais se investe; o Eleito de Ma-ma; que fixou os limites do templo de Kesh, que enriqueceu as festas sagradas de Nin-tu; o providente, solícito, que forneceu comida e bebida para Lagash e Girsu, que ofereceu grandes ofertas sacrificiais para o templo de Ningirsu; que capturou o inimigo, o Eleito do oráculo que cumpriu a predição de Hallab, que alegrava o coração de Anunit; o príncipe puro, cuja prece é aceita por Adad; que satisfez o coração de Adad, o guerreiro, em Karkar, que restaurou os utensílios para o culto em E-ud-gal-gal; o rei que concedeu vida à cidade de Adab; o guia de E-mach; o rei principesco da cidade, o guerreiro irresistível, que concedeu vida aos habitantes de Mashkanshabri e trouxe abundância para o templo de Shidlam; o Branco, Poderoso, que penetrou na caverna secreta dos bandidos, salvou os habitantes de Malka da desgraça e fixou sua morada na riqueza; que estabeleceu oferendas sacrificiais puras para Ea e Dam-gal-nun-na, que tornou seu reino eternamente grande; o rei principesco da cidade, que submeteu os distritos no Canal de Ud-kib-nun-na à influência de Dagon, seu Criador; que poupou os habitantes de Mera e Tutul; o príncipe sublime, que faz brilhar o rosto de Ninni; que apresenta refeições sagradas à divindade de Nin-a-zu, que cuidou de seus habitantes em suas necessidades, providenciou-lhes uma porção em Babilônia em paz; o pastor dos oprimidos e dos escravos; cujos feitos encontram favor diante de Anunit, que providenciou para Anunit no templo de Dumash no subúrbio de Agade; que reconhece o direito, que governa pela lei; que devolveu à cidade de Ashur seu deus protetor; que deixou o nome de Ishtar de Nínive permanecer em E-mish-mish; o Sublime, que se humilha diante dos grandes deuses; sucessor de Sumula-il; o poderoso filho de Sin-muballit; a linhagem real da Eternidade; o monarca poderoso, o sol de Babilônia, cujos raios lançam luz sobre a terra de Sumer e Akkad; o rei, obedecido pelos quatro cantos do mundo; Amado de Ninni, sou eu.

Quando Marduk me enviou para governar os homens, para dar proteção e justiça à terra, fiz o que era certo e justo... e promovi o bem-estar dos oprimidos.

Fonte: *Avalon Project*, Universidade de Yale

CÓDIGO DE HAMURABI

PARÁGRAFO 1
Se um homem vinculou um outro, comprometendo-o, e lançou sobre ele um malefício, mas não comprovou o delito, o comprometedor será passível de morte.

PARÁGRAFO 2
Se um homem lançou um sortilégio sobre um outro, mas não comprovou o delito, aquele sobre o qual o sortilégio foi lançado se conduzirá ao rio e neste mergulhará; se o rio se apoderar dele, aquele que o comprometeu tomará posse de sua casa; se o rio inocentá-lo e o preservar, aquele que lançou o sortilégio sobre ele será passível de morte; aquele que mergulhou no rio tomará posse da casa daquele que o havia comprometido.

PARÁGRAFO 3
Se um homem, em um processo, se apresenta como uma testemunha da acusação, mas não oferece evidências do que declara, tratando-se de uma causa que envolve vida ou morte, esse homem será passível de morte.

PARÁGRAFO 4
Caso haja se apresentado para tal testemunho em função de trigo ou de prata, ele arcará com a pena desse processo.

PARÁGRAFO 5
Se um juiz pronunciou uma sentença, formulou uma decisão, redigiu um documento sobre uma plaqueta, mas em seguida anulou essa sentença, ele será obrigado a comparecer [na corte] para a anulação da sentença que pronunciara, e quanto à demanda desse processo ele incorrerá no pagamento de doze vezes o seu valor; pu-

blicamente ele será expulso de sua sede de justiça, a esta não retornará mais e não presidirá mais ao lado de um juiz em um processo.

PARÁGRAFO 6
Se um homem roubou o tesouro pertencente ao templo de um deus ou do palácio, esse homem é passível de morte, e aquele que recebeu de suas mãos o objeto roubado também o é.

PARÁGRAFO 7
Se um homem comprou ou recebeu em depósito, sem testemunhas ou contrato, ouro, prata, escravo ou escrava, boi ou carneiro, asno, ou o que for, das mãos de um filho alheio ou de um escravo alheio, esse homem se assemelha a um ladrão e é passível de morte.

PARÁGRAFO 8
Se um homem roubou um boi, carneiro, asno, porco ou um barco, se pertencente ao deus ou ao palácio, restituirá o correspondente a trinta vezes; se pertencente a um súdito comum, a compensação será correspondente a dez vezes. Se incapaz de restituir, o ladrão será passível de morte.

PARÁGRAFO 9
Se um homem que perdeu um objeto o encontra em poder de um outro e este declara: "Foi vendido a mim por um vendedor e eu o comprei na presença de testemunhas", e se o dono do objeto perdido declara: "Apresentarei testemunhas que identificarão meu objeto perdido", o comprador apresentará o vendedor que lhe transmitiu o objeto e as testemunhas na presença das quais o comprou. O dono do objeto perdido encaminhará as testemunhas que conhecem o objeto. O juiz fará o exame das declarações deles. As testemunhas da compra tanto quanto as testemunhas que reconheceram o objeto perdido declararão *diante da divindade*[1] o que é de seu conhecimento. O vendedor será comparado a um ladrão e passível

---

1. *...devant Dieu...*: a tradução *diante de Deus* nos parece imprópria, já que a religião babilônica não era monoteísta; melhor seria, ainda, *diante de* uma *divindade*. (N.T.)

de morte. O dono do objeto perdido retomará seu objeto, ao passo que o comprador receberá de volta a prata que serviu de pagamento do objeto na casa do vendedor.

PARÁGRAFO 10
Se o comprador não apresentou o vendedor que lhe transmitiu o objeto e aqueles que testemunharam a compra, enquanto o dono do objeto perdido apresentou as testemunhas que reconheceram o seu objeto perdido, o comprador será comparado a um ladrão e passível de morte. O dono do objeto perdido retomará seu objeto.

PARÁGRAFO 11
Se é o pretenso dono do objeto perdido que não apresentou as testemunhas que conhecem seu objeto perdido, ele demonstra má-fé, suscitou calúnia e será passível de morte.

PARÁGRAFO 12
No caso do vendedor estar morto, o comprador tomará na casa do vendedor o correspondente a um quíntuplo do valor que tem o direito de reclamar nesse processo.

PARÁGRAFO 13
Se as testemunhas do comprador não estiverem por perto, o juiz fixará um prazo de seis meses para que ele as apresente. Se ele não o fizer até o sexto mês, demonstra má-fé e arcará com a pena do processo.

PARÁGRAFO 14
Se um homem se apoderar do filho menor de um outro homem, será passível de morte.

PARÁGRAFO 15
Se um homem providenciou a saída de um escravo ou de uma escrava das portas do palácio, um escravo ou uma escrava de um *súdito comum*, será passível de morte.

PARÁGRAFO 16
Se um homem abrigou em sua casa um escravo ou uma escrava que fugiram do palácio ou da casa de um *súdito comum* e se, convocado

pelo arauto, não providenciar a saída deles de sua casa, esse dono da casa será passível de morte.

PARÁGRAFO 17
Se um homem prendeu um escravo ou uma escrava que haviam fugido nos campos e o reconduziu ou a reconduziu ao seu senhor, este lhe dará dois *siclos*[2] de prata.

PARÁGRAFO 18
Se o escravo se negar a fornecer o nome de seu senhor, quem o prendeu deverá conduzi-lo ao palácio, onde seu segredo será desvendado e o escravo devolvido ao seu senhor.

PARÁGRAFO 19
Se aquele que prendeu o escravo o manteve em sua casa e, posteriormente, o escravo for flagrado em sua casa, esse homem será passível de morte.

PARÁGRAFO 20
Se o escravo perecer na casa daquele que o apanhou, este prestará um juramento em nome da divindade perante o proprietário do escravo acerca dessa ocorrência e ficará quites com ele.

PARÁGRAFO 21
Se um homem perfurou uma casa, será morto e enterrado diante da brecha que produziu.

PARÁGRAFO 22
Se um homem *praticou a bandidagem*[3] e foi preso, esse homem será passível de morte.

PARÁGRAFO 23
Se o bandido não foi preso, o assaltado declarará perante a divindade o que perdeu, e a cidade e o *cheikh*[4] do território e dos

---

2. Siclo: equivalente a cerca de 8 gramas. (N.T.)

3. ...*a exercé le brigandage*,... o sentido aqui parece ser mais específico: *cometeu assalto à mão armada*. (N.T.)

4. Grosso modo, a autoridade, o governante, o chefe, não propriamente o sheik, chefe de uma tribo árabe. (N.T.)

limites nos quais o assalto foi cometido a ele restituirão tudo o que perdeu.

PARÁGRAFO 24
Se o assalto resultou na morte do assaltado, a cidade e o *cheikh* pagarão uma mina[5] de prata aos seus familiares.

PARÁGRAFO 25
Se ocorreu um incêndio na casa de um homem e alguém nela entrou para apagá-lo e, observando os bens do dono da casa, apoderou-se de algum deles, esse alguém que nela ingressou será arremessado no mesmo fogo.

PARÁGRAFO 26
Se um *oficial*[6] ou um soldado, após receber ordem para marchar em uma expedição militar a serviço do rei, não o fez, mesmo que tenha contratado um mercenário para substituí-lo e seu substituto marchou nessa expedição, esse oficial ou esse soldado será passível de morte e seu substituto tomará posse de sua casa.

PARÁGRAFO 27
Se foi dada a uma outra pessoa para sua administração os campos e o pomar de um oficial ou soldado que foi convocado às fortalezas reais [e caiu prisioneiro] após haver ele atendido à convocação – quando ele houver retornado a sua cidade, a ele serão restituídos seus campos e pomar e ele próprio os administrará.

PARÁGRAFO 28
Se um filho de um oficial ou soldado que é convocado às fortalezas reais [e foi aprisionado] pode realizar a administração, dar-se-á a ele os campos e o pomar e ele os administrará para seu pai.

PARÁGRAFO 29
Se seu filho for menor e não puder administrar para seu pai, será dado um terço dos campos e do pomar a sua mãe e sua mãe o criará.

---

5. Aproximadamente 500 gramas de prata, o correspondente à mina grega. (N.T.)
6. ...*officier*...: entenda-se aqui e em todo o contexto subsequente *oficial* não só como um militar de alta patente, como também qualquer outro alto funcionário do reino.

Parágrafo 30
Se o oficial ou o soldado, desde o início de sua administração, foi negligente e abandonou seus campos, pomar e casa, e se uma outra pessoa, depois dele, cuidou de seus campos, pomar e casa, tendo realizado sua administração durante três anos, quando tal oficial ou soldado voltar e exigir seus campos, pomar e casa, a pessoa que deles cuidou e administrou prosseguirá os explorando.

Parágrafo 31
Se durante apenas um ano ele os deixou inexplorados, na hipótese de retornar, a outra pessoa lhe devolverá seus campos, pomar e casa, e ele próprio retomará a administração.

Parágrafo 32
Se um oficial ou soldado, tendo sido convocado para servir em um empreendimento do rei [caiu prisioneiro] e um negociante pagou seu resgate, o fazendo retornar a sua cidade; se ele dispuser em sua casa do que baste para o resgate, ele libertará a si mesmo (junto ao negociante); se em sua casa nada há para libertá-lo, ele será libertado no templo de sua cidade; e se no templo de sua cidade nada houver para libertá-lo, o palácio o libertará; nem seus campos, nem seu pomar, nem sua casa podem ser cedidos para o seu resgate.

Parágrafo 33
Caso um governador ou um prefeito possua tropas [ ][7] e se a serviço do rei admitiu e enviou um mercenário como substituto, esse governador ou esse prefeito será passível de morte.

Parágrafo 34
Se um governador ou um prefeito se apoderou de um bem de um oficial, causou dano a um oficial, alugou um oficial, entregou ao tribunal um oficial nas mãos de alguém (mais)[8] poderoso, arrebatou

---

7. Scheil indica uma lacuna neste ponto. (N.T.)
8. Registrado entre parênteses por Scheil. (N.T.)

o presente dado ao oficial pelo rei, esse governador ou esse prefeito será passível de morte.

PARÁGRAFO 35
Se um homem comprou das mãos do oficial bois ou carneiros dados ao oficial pelo rei, será privado de sua prata.

PARÁGRAFO 36
O campo, o pomar ou a casa de um oficial, soldado ou vassalo não podem ser vendidos.

PARÁGRAFO 37
Se um homem comprou o campo, o pomar, a casa de um oficial, de um soldado ou de um vassalo, *sua plaqueta será quebrada*[9] e ele será privado de sua prata; campo, pomar, casa serão restituídos ao seu proprietário.

PARÁGRAFO 38
Oficial, soldado e vassalo não podem transmitir nada por escrito a sua esposa ou a sua filha, seja campos, pomar ou casa sob sua administração, nem dá-los para saldar dívida.

PARÁGRAFO 39
Um campo, pomar ou casa que ele[10] comprou e dos quais é possuidor como propriedade particular, ele pode transmitir por escrito a sua esposa, a sua filha e dar para saldar dívida.

PARÁGRAFO 40
A título (de garantia) para um negociante ou obrigação estrangeira, ele pode vender seu campo, pomar e casa que possui como propriedade particular; o comprador pode explorar o campo, o pomar e a casa que comprou.

---

9. ...*sa tablette sera brisée,...*, ou seja, seu contrato de compra e venda será anulado. Na antiguidade, o teor de contratos e documentos em geral era registrado (gravado) em pequenas placas geralmente feitas de argila ou madeira. (N.T.)
10. Ou seja, o oficial, o soldado ou o vassalo. (N.T.)

Parágrafo 41
Se um homem cercou o campo, o jardim e a casa de um oficial, de um soldado ou de um vassalo e forneceu as estacas, o oficial, soldado ou vassalo ingressarão no seu campo, pomar, casa e *pagarão*[11] pelas estacas a ele fornecidas.

Parágrafo 42
Se um homem arrendou um campo para cultivá-lo e nele não produziu trigo, se comprovará contra ele que não trabalhou o campo, e ele dará ao proprietário do campo [uma quantidade de trigo] correspondente à produção do vizinho.

Parágrafo 43
Se ele não cultivou o campo e o deixou sem ser cultivado, dará ao proprietário trigo [numa quantidade] correspondente à produção do vizinho, e o campo que deixou sem cultivar ele o irá arar tornando-o terra cultivável, semeará e o restituirá ao proprietário.

Parágrafo 44
Se um homem tomou como arrendamento por três anos uma terra inculta para roçá-la, se ele se acomodou e não roçou a terra, no quarto ano deverá ará-la transformando-a em terra cultivável,[12] semeá-la e devolvê-la ao proprietário e, ademais, medir-lhe 10 *gur*[13] de trigo por 10 *gan*[14] de superfície.

Parágrafo 45
Se um homem arrendou seu campo a um lavrador em troca de uma renda, e se já recebeu essa renda, quando acontecer de em seguida um temporal inundar o campo e carregar a colheita, o prejuízo será do lavrador.

---

11. ...*payeront*...: Scheil registra uma dúvida aqui. (N.T.)
12. Aqui Scheil acrescenta *louer* (alugar, arrendar), mas nos parece estranho ao contexto ou, ao menos, redundante. (N.T.)
13. O *gur* seria equivalente a 300 litros. (N.T.)
14. O *gan* ou *bur* corresponderia a 60 mil metros quadrados (60 quilômetros quadrados). (N.T.)

PARÁGRAFO 46
Se ele[15] não recebeu a renda de seu campo e se havia arrendado pela metade ou por um terço, proprietário e lavrador compartilharão proporcionalmente do trigo encontrado no campo.

PARÁGRAFO 47
Se o lavrador, pelo fato de o arrendamento não haver prosperado no primeiro ano, encarregou uma outra pessoa de lavrar o campo, o proprietário não o molestará por conta disso; seu campo foi lavrado e por ocasião da colheita ele tomará o trigo conforme o que foi convencionado.

PARÁGRAFO 48
Se um homem está comprometido com uma dívida que envolve juros, tendo um temporal inundado seu campo e carregado sua colheita ou se, por falta de água, o trigo não cresceu em seu campo, nesse ano ele não entregará trigo ao credor, *molhará na água sua plaqueta*,[16] e não pagará o juro desse ano.

PARÁGRAFO 49
Se um homem tomou prata emprestada de um negociante e deu a este [como garantia] um campo preparado para o cultivo de trigo ou gergelim, dizendo a ele: "cultiva o campo, faz a colheita e toma o trigo ou gergelim produzidos nesse campo", quando o cultivador houver produzido trigo ou gergelim no campo, por ocasião da colheita o proprietário do campo tomará o trigo ou o gergelim ali encontrado e dará ao negociante a quantidade de trigo correspondente à prata mais os juros estipulados e pagará a este as despesas com o cultivo.

PARÁGRAFO 50
Caso se trate de um campo de trigo cultivado ou de um campo de gergelim cultivado dado por ele[17] ao negociante, o proprietário do

---

15. Ou seja, o proprietário do campo. (N.T.)
16. ...*trempera dans l'eau sa tablette,*..., isto é, *cancelará seu contrato*. (N.T.)
17. Ou seja, pelo proprietário do campo. (N.T.)

campo tomará o trigo ou gergelim encontrado no campo e entregará ao negociante prata mais os juros.

PARÁGRAFO 51
Se não tiver prata para a restituição, dará gergelim ao negociante, em conformidade com a tarifa do rei em troca do valor da prata somada aos juros, relativos ao empréstimo do negociante.

PARÁGRAFO 52
Se o cultivador não produziu trigo ou gergelim no campo, nem por isso ele, ou seja, o emprestador, cancela suas obrigações.

PARÁGRAFO 53
Se um homem, por negligência, não fortificou seu dique e uma brecha foi nele produzida, resultando na inundação de uma área cultivada de trigo, o negligente do dique onde se produziu a brecha fará a reposição do trigo que arruinou.

PARÁGRAFO 54
Na incapacidade de repor o trigo, tanto ele próprio quanto seus haveres serão vendidos e a prata resultante dessa venda será dividida entre as pessoas que tiveram suas áreas de cultivo de trigo arruinadas devido à inundação.

PARÁGRAFO 55
Se um homem abriu um canal estreito e em declive para irrigar, mas depois, devido a sua negligência, o campo fronteiriço foi inundado de água, ele medirá o trigo equivalente ao de seu vizinho.

PARÁGRAFO 56
Se um homem abriu uma via de água e a plantação do campo vizinho é inundada, ele medirá 10 *gur* de trigo por 10 *gan* de superfície.

PARÁGRAFO 57
Se um pastor não estabeleceu um entendimento com o proprietário de um campo para seus carneiros e ovelhas pastarem nesse campo, e sem que o proprietário o saiba pôs seu rebanho ovino a pastar nesse campo, o proprietário fará a colheita de seus campos e

o pastor que pôs seu rebanho a pastar no campo dará ao proprietário um acréscimo de 20 *gur* de trigo por 10 *gan* de superfície.

PARÁGRAFO 58
Se após a retirada dos carneiros e ovelhas da área, tendo sido o rebanho inteiro recolocado no local às portas da cidade, um pastor conduziu seus carneiros e ovelhas a um campo para que aí pastem, o pastor cuidará do campo que utilizou para o pastoreio de seus animais e por ocasião da colheita, medirá ao proprietário 60 *gur* de trigo por 10 *gan*.

PARÁGRAFO 59
Se um homem, sem que o dono do pomar o saiba, cortou uma árvore no pomar do outro, pagará meia mina de prata.

PARÁGRAFO 60
Se um homem deu a um arboricultor um campo para plantar um pomar, se o arboricultor o plantar e deste cuidar por quatro anos, no quinto ano, o proprietário do pomar e o arboricultor compartilharão do mesmo em partes iguais; o proprietário do pomar determinará a parte que tomará para si.

PARÁGRAFO 61
Se na plantação de um pomar ou de um campo, um arboricultor não realizou uma plantação completa, deixando uma parte não cultivada, esta será incluída no lote que lhe couber.

PARÁGRAFO 62
Se não plantou o pomar no campo que lhe fora confiado, e se for o caso de um campo para cereais, o arboricultor medirá ao proprietário do campo, segundo o rendimento do vizinho, o que o campo produziria durante os anos nos quais foi negligenciado; em seguida, ele preparará o campo a ser lavrado e o restituirá ao proprietário.

PARÁGRAFO 63
Caso se trate de uma terra inculta, ele preparará o campo a ser lavrado e o entregará ao proprietário. Para cada ano, ele medirá 10 *gur* de trigo para 10 *gan* de superfície.

PARÁGRAFO 64
Se um homem deu seu pomar a um arboricultor para ser explorado, durante o período no qual o arboricultor cuida do pomar ele dará ao proprietário dois terços do rendimento do pomar e tomará para si mesmo um terço.

PARÁGRAFO 65
Se o arboricultor não explorou o pomar e causou uma redução do rendimento dele, o arboricultor medirá ao proprietário segundo o rendimento do vizinho.

[ ]*

Parágrafo *a*
Se um homem tomou emprestado prata de um negociante e deu o seu pomar de tamareiras ao negociante dizendo: "toma por tua prata as tâmaras que se encontram no meu pomar", caso o negociante não consinta com isso, o proprietário do pomar tomará as tâmaras neste encontradas e, conforme *o teor de sua plaqueta*,[18] pagará ao negociante mediante prata acrescida dos juros. O excedente de tâmaras disponíveis no pomar será apanhado pelo proprietário.

Parágrafo *b*
[ ][19] Se um locatário de uma casa pagou ao proprietário prata relativa ao aluguel completo de um ano, e se o proprietário ordena que o locatário desocupe a casa antes do fim do prazo de locação, {porque o locatário desocupou a casa antes dos dias determinados pelo contrato findarem,}[20] o proprietário restituirá ao locatário [ ][21] da prata que lhe foi dada pelo locatário.

---

*. Há, aqui, uma significativa lacuna do original, a qual calcula-se que seria composta por aproximadamente 35 parágrafos. Pertencem a essa lacuna os parágrafos *a*, *b* e *c*, apresentados a seguir. (N.E.)

18. ...*la teneur de sa tablette,...* ou seja, o teor de seu contrato. (N.T.)

19. Scheil indica uma lacuna aqui. (N.T.)

20. O período entre chaves é dúbio. (N.T.)

21. Scheil indica uma lacuna aqui. Mas é presumível que seja uma parte da prata proporcional ao tempo que faltasse para a expiração do prazo de locação da casa, considerando-se um contrato de um ano. (N.T.)

Parágrafo c
Se um homem se comprometeu a pagar em trigo ou em prata e se para cumprir sua obrigação não dispõe nem de trigo nem de prata, porém dispõe de um outro bem, dará ao negociante, na presença de testemunhas, aquilo de que dispõe na proporção por ele devida, e o negociante não contestará inconvenientemente, mas aceitará.

PARÁGRAFO 100
[ ][22] O comissionado registrará os juros da prata proporcionalmente à quantidade que levou, computará seus dias e pagará ao negociante.

PARÁGRAFO 101
Se ele[23] não obteve lucro onde esteve, igualará a quantidade de prata que tomou e restituirá ao negociante.

PARÁGRAFO 102
Se um negociante deu prata gratuitamente a um comissionado, e se este teve prejuízo onde esteve [no decurso de sua viagem], ele restituirá o capital em prata ao negociante.

PARÁGRAFO 103
Se durante a viagem, o comissionado no seu trajeto foi vítima de um inimigo que causou a perda do que ele levava, o comissionado jurará pelo nome da divindade sobre o ocorrido, com o que estará dispensado.

PARÁGRAFO 104
Se um negociante confiou a um comissionado trigo, lã, azeite ou qualquer outro produto alimentício para comercialização, o comissionado anotará a prata [resultante dos negócios] e a entregará ao

---

22. Scheil indica uma lacuna aqui. Mas presume-se que a referência é a um comissionado por um negociante (mercador) que obteve lucro onde esteve com base no negócio que realizou. (N.T.)
23. Ou seja, o comissionado. (N.T.)

negociante. O comissionado tomará um timbre selado (*ou* reconhecimento)[24] referente à prata que entregou ao negociante.

PARÁGRAFO 105
Se o comissionado foi negligente e deixou de pegar o timbre selado (*ou* reconhecimento) referente à prata que entregou ao negociante, a prata sem o timbre selado (sem o reconhecimento) não poderá ser computada em seu favor.

PARÁGRAFO 106
Se um comissionado, tendo recebido prata de um negociante, o contesta, o negociante fará o comissionado comparecer diante da divindade e de testemunhas [para comprovação da] prata que o comissionado recebeu, e este pagará o triplo de toda a prata que recebeu.

PARÁGRAFO 107
Se o negociante foi incorreto com o comissionado, se este tinha restituído ao negociante o que este lhe havia dado, mas o negociante então oferece contestação quanto ao que o comissionado lhe restituíra, o comissionado fará o negociante comparecer perante a divindade e testemunhas [para a devida comprovação] e por conta de haver contestado seu comissionado, o negociante dará a este o sêxtuplo de tudo que recebera.

PARÁGRAFO 108
Se uma comerciante de vinho não aceitou trigo como pagamento da bebida, mas recebeu prata no atacado e reduziu o preço da bebida abaixo do preço do trigo, essa comerciante de vinho será intimada a comparecer [na corte real] e será arremessada nas águas.

PARÁGRAFO 109
Se uma comerciante de vinho, no caso de reunião de rebeldes em sua taberna, não os agarrar e conduzir ao palácio, ela será passível de morte.

---

24. Correspondente ao nosso moderno recibo ou comprovante. (N.T.)

PARÁGRAFO 110
Se uma sacerdotisa que não habita o claustro abriu uma taverna, ou entrou na taverna para beber, será queimada.

PARÁGRAFO 111
Se uma comerciante de vinho deu 60 *qa*[25] de bebida a crédito *para a canícula*[26], receberá, por ocasião da colheita, 50 *qa* de trigo.

PARÁGRAFO 112
Se um homem está viajando e confiou a outro prata, ouro, pedras ou outros bens móveis para serem transportados, caso esse segundo homem não tenha realizado a entrega no lugar para onde deveria transportá-los, mas se apropriou desses bens, o dono dos bens que deviam ser transportados chamará a sua presença esse homem, comprovará que o objeto a ser transportado não foi entregue, e esse homem dará ao dono o quíntuplo de tudo que lhe fora confiado.

PARÁGRAFO 113
Se um homem tem um crédito de trigo ou de prata com um outro e se, sem que o dono do trigo o saiba, retirou trigo do celeiro ou do depósito de trigo, por haver retirado o trigo do celeiro ou do depósito sem o conhecimento do dono, sua presença será exigida [e, comprovada essa sua ação], ele devolverá todo o trigo que retirou e será privado de tudo que dera em empréstimo, ficando o dono do trigo sem qualquer débito consigo.

PARÁGRAFO 114
Se um homem não tinha um crédito de trigo ou de prata com um outro e, todavia, fazendo exigências praticou coação contra esse outro homem, pagará um terço de mina de prata por cada coação feita.

---

25. Medida de capacidade correspondente a 1 litro. (N.T.)
26. ...*pour la canicule*,...: Scheil registra esta expressão com reservas, expressando dúvida. (N.T.)

Parágrafo 115
Se um homem tinha um crédito de trigo ou de prata com um outro e fazendo exigências praticou coação contra ele, se o coagido morrer de morte natural na casa daquele que coagiu [o credor], essa causa não dará ensejo a nenhuma demanda.

Parágrafo 116
Se o coagido, devido a golpes ou efeito da miséria, morrer na casa daquele que o coagiu, o senhor da pessoa que sofreu coação exigirá a presença do seu negociante, e se o morto era filho de homem livre, o filho do negociante será executado, ao passo que se o morto era escravo de homem livre, o negociante pagará um terço de mina de prata e será privado de seja lá o que for que havia emprestado [e em função do que se tornara credor].

Parágrafo 117
Se um homem contraiu uma dívida,[27] e deu em lugar da prata suas mulheres, filho, filha e os entregou à sujeição, eles servirão por três anos na casa de seu comprador e credor, e no quarto ano serão libertados.

Parágrafo 118
Se entregou à sujeição um escravo ou uma escrava e o negociante, vendendo um ou outra, os passou às mãos de terceiros em um outro lugar, nenhuma demanda será possível.

Parágrafo 119
Se um homem contraiu uma dívida,[28] e se vendeu uma de suas escravas[29] que lhe deu filhos, o senhor da escrava pagará ao negociante a prata que este pagou e o negociante recomprará sua escrava.

---

27. No original: *Si une dette a contracté (sic!) un homme,* [Se uma dívida contraiu (*sic!*) um homem,] mas preferimos alterar a construção da frase, como se o original fosse: *Si un homme a contracté une dette.* (N.T.)

28. Ver nota 27. (N.T.)

29. Presume-se que para saldar a dívida. (N.T.)

Parágrafo 120
Se um homem armazenou seu trigo na propriedade de um outro e ocorreu uma perda no celeiro, seja porque o dono da casa abriu o celeiro e pegou trigo, seja porque contesta com referência à quantidade total de trigo que foi depositado em sua propriedade, o dono do trigo demandará, declarando perante a divindade sobre a quantidade do trigo, e o dono da casa que pegou o trigo fará sua reposição e o entregará ao dono do trigo.

Parágrafo 121
Se um homem armazenou trigo na propriedade de um outro, pagará, a título de aluguel anual do celeiro, 5 *qa* de trigo por *gur*.

Parágrafo 122
Se um homem dá a outro prata, ouro ou qualquer outra coisa a título de custódia, obterá testemunhas do que está dando, estabelecerá as obrigações do contrato e dará em custódia.

Parágrafo 123
Se, na ausência de testemunhas e sem obrigações (estabelecidas) ele deu em custódia, e se onde deu for contestado, essa causa não dará ensejo a nenhuma demanda.

Parágrafo 124
Se um homem, na presença de testemunhas, deu prata, ouro ou qualquer outra coisa a título de custódia a outro, e este o contesta, esta pessoa será intimada e fará a reposição de tudo o que contestou.

Parágrafo 125
Se um homem deu em custódia uma coisa e se onde a deu, em função de arrombamento ou escalada, essa coisa mais algo do dono da casa desapareceram, o dono da casa, que está em falta, fará a reposição de tudo que estava em sua custódia e que perdeu e cobrirá integralmente os prejuízos do dono dos bens. O dono da casa procurará o seu bem perdido e o retomará daquele que o roubou.

Parágrafo 126
Se um homem que não perdeu algo seu declara que a coisa está perdida e exagera no seu prejuízo, caso busque perante a divindade (a compensação por) seu prejuízo, embora sua coisa não esteja perdida, ele mesmo (o reclamante sem direito) arcará com tudo que reclamou e com seu próprio prejuízo.

Parágrafo 127
Se um homem apontou o dedo contra uma sacerdotisa ou contra a esposa de um outro homem sem oferecer provas do erro cometido, ele será levado à presença do juiz e terá sua fronte marcada.

Parágrafo 128
Se um homem desposou uma mulher e não estabeleceu as obrigações dessa mulher, ela não é esposa.

Parágrafo 129
Se a mulher de um homem for flagrada no leito com um outro homem, eles serão amarrados e lançados na água, a menos que o marido não deixe sua mulher viva e que o rei não permita que seu servidor viva.

Parágrafo 130
Se um homem violentou a esposa de um homem, *a qual ainda não conheceu o homem*[30] e habita ainda a casa do pai, caso haja ele dormido em seu seio e sido surpreendido, esse homem é passível de morte, ao passo que a mulher será libertada.

Parágrafo 131
Se o marido de uma mulher a acusou [de adultério] não tendo ela sido surpreendida no leito com um outro homem, ela jurará em nome da divindade e retornará a sua casa.

---

30. No original *qui n'a pas encore connu le mâle*, que ainda não manteve relações sexuais com um homem. (N.T.)

Parágrafo 132
Se envolvendo um outro homem se aponta o dedo contra a mulher de um homem e se ela não foi surpreendida no leito com outro homem, por consideração ao seu marido, ela se lançará a um rio.

Parágrafo 133
Se um homem foi feito prisioneiro e há alimento em sua casa, mas sua esposa abandonou a casa de seu marido e ingressou em outra casa, pelo fato de essa esposa não haver preservado seu corpo[31] e ter entrado em outra casa, será intimada a comparecer e será lançada na água.

Parágrafo 134
Se um homem foi feito prisioneiro e não há alimento em sua casa, e sua esposa ingressou em outra casa, essa esposa está isenta da culpa.

Parágrafo 135
Se um homem foi feito prisioneiro e não há alimento disponível em sua casa, e sua esposa ingressou em outra casa e nesta deu à luz a filhos, e se em seguida seu marido regressou e alcançou sua cidade, essa esposa retornará ao seu esposo e aqueles filhos gerados permanecerão com seu pai.

Parágrafo 136
Se um homem abandonou sua cidade e fugiu, e depois disso sua esposa ingressou em uma outra casa, caso esse homem reapareça e queira retomar sua esposa, pelo fato de haver desdenhado sua cidade e fugido, a esposa do fugitivo não retornará ao seu marido.

Parágrafo 137
Se um homem decidiu-se a repudiar uma concubina que lhe gerou filhos, ou mesmo uma esposa que lhe gerou filhos, ele entregará a esta o seu *enxoval*[32], e a ela será dado o usufruto dos campos, do

---

31. É de se presumir que o seja por falta de alimentação. (N.T.)
32. ...*trousseau*,... no original, embora haja quem prefira dote (*dot*), preferimos *enxoval*, não só acatando o texto de Scheil como porque no parágrafo seguinte são mencionados separadamente *dote* e *enxoval*. Lembramos, leitora e leitor,

pomar e dos outros bens, e ela criará seus filhos. Após ter ela criado seus filhos, a ela será dada uma parte correspondente ao herdado por um filho de tudo que será dado aos filhos, e ela desposará o homem de sua escolha.

PARÁGRAFO 138
Se um homem quiser repudiar a esposa que não lhe deu filhos, dará a ela toda a prata de seu dote e lhe restituirá integralmente o enxoval que ela trouxe da casa de seu pai, e em seguida a repudiará.

PARÁGRAFO 139
Se não houver dote, ele dará a ela uma mina de prata em troca do repúdio.

PARÁGRAFO 140
Se ela for um *súdito comum*[33], ele lhe dará um terço de mina de prata.

---

que o dote, neste caso, era um valor em prata ou em bens que o noivo (futuro marido) dava à família da noiva (futura esposa) e não o contrário, como era comum na Idade Média e Idade Moderna, quando era o pai da noiva (futuro sogro) que dava ao noivo uma certa quantia em dinheiro ou equivalente. Em nota suplementar, o próprio Scheil distingue dote de enxoval, afirmando que no "Código de Hamurabi o dote é, segundo o costume oriental, a prata que o noivo dava, a título de valor de compra de sua mulher, ao sogro, ao passo que o 'enxoval' (*trousseau* [ou literalmente presente, *cadeau*), é o que o pai da moça dava a ela", presumimos nós, não necessariamente Scheil, por ocasião do casamento. Mas nessa perspectiva, nossa palavra "enxoval" evidentemente não designa exatamente o que os babilônios entendiam por tal coisa. Teríamos que conhecer a palavra e seu conceito na língua deles.

33. Scheil escreve *mouchkínou*. Traduzimos grosso modo, pois muito provavelmente trata-se de um termo a rigor intraduzível. É de se presumir que a alusão seja a alguém (aqui uma mulher) não pertencente nem à realeza, nem à corte, nem à classe sacerdotal, isto é, a nenhuma das classes superiores, uma pessoa pertencente à população comum do reino, um mero súdito. Em uma nota adicional, Scheil diz que "se trata do nome de uma classe mal definida de cidadãos privilegiados do prisma de seus bens...", mas dá a entender que se polemiza em torno dessa palavra, estando nós muito longe de um consenso: "Johns acredita que se trata da pessoa pobre, Winckler de uma espécie de liberto e Martin de um homem-lígio ou servo". (N.T.)

PARÁGRAFO 141
Se a esposa de um homem que com ele reside se decidiu a sair de casa, provocou a separação, dilapidou sua casa, negligenciou o marido, sua presença será exigida; e se seu marido declarar: "Eu a repudio", deixará que ela siga seu caminho, a ela não dando nenhuma indenização pelo repúdio. Se seu marido declarar: "Eu não a repudio", a ele será permitido desposar uma outra mulher, e sua primeira esposa permanecerá na sua casa como escrava.

PARÁGRAFO 142
Se uma esposa desprezou seu marido e lhe disse: "Tu não me possuirás mais", o segredo a respeito do erro ao qual ela foi submetida será desvendado, e se ela é dona de casa, à prova de censura, e seu marido sai e a negligencia muito, essa mulher não é culpada, podendo tomar seu enxoval e voltar para a casa de seu pai.

PARÁGRAFO 143
Se ela não é dona de casa, mas promíscua [vive procurando aventuras amorosas], dilapida a casa e negligencia seu marido, será arremessada à água.

PARÁGRAFO 144
Se um homem desposou uma mulher e esta lhe deu uma escrava que gerou *filhos*[34], se esse homem se dispuser a tomar uma concubina, a ele não será dada autorização para isso e ele não tomará uma concubina.

PARÁGRAFO 145
Se um homem tomou uma esposa e esta não lhe deu filhos[35], e ele se dispõe a ter uma concubina, poderá fazê-lo e introduzir essa concubina em sua casa. A concubina não terá os mesmos direitos da esposa.

---

34. ...*enfants*...: filhos independentemente do sexo. (N.T.)
35. Ver nota 34.

Parágrafo 146
Se um homem tomou uma esposa e esta deu ao marido uma escrava que lhe deu filhos[36], e em seguida essa escrava rivaliza com sua senhora pelo fato de haver gerado filhos, sua senhora não poderá mais vendê-la; ela a estigmatizará e a considerará entre os seus escravos.

Parágrafo 147
Se ela[37] não gerou filhos[38], sua senhora poderá vendê-la.

Parágrafo 148
Se um homem tomou uma esposa e *se ela contraiu uma doença*[39] e ele se dispõe a tomar uma outra, poderá fazê-lo, mas não repudiará sua esposa *que contraiu a doença*[40], permanecendo esta no seu domicílio e, inclusive, enquanto viver, o marido a sustentará.

Parágrafo 149
Se não for do agrado dessa mulher[41] residir na casa de seu marido, ele restituirá integralmente a ela o enxoval que trouxe da casa de seu pai e ela deixará a casa do marido.

Parágrafo 150
Se um homem deu como presente a sua esposa campo, pomar e casa e lhe deixou uma plaqueta[42], após a morte do marido seus filhos não a contestarão em nada; depois de sua morte, a mãe deixará sua herança a um dos filhos de sua preferência, mas não a um irmão.

---

36. Ver nota 34.(N.T.)
37. Ou seja, a escrava que gerou filhos. (N.T.)
38. Ver nota 34.
39. No original: *si une maladie (?) l'a contractée* (sic), literalmente: *se uma doença (?) a contraiu* (sic), mas preferimos traduzir alterando a construção da frase, como se constasse no original: *si elle a contractée une maladie*.
40. Frase de construção dúbia assinalada por Scheil que traduzimos alterando a construção; caso idêntico ao da nota 39.
41. Ou seja, a esposa que adoeceu. (N.T.)
42. Ou seja, um documento selado comprovando esse seu ato. (N.T.)

PARÁGRAFO 151
Se uma mulher que habita a casa de um homem obtém de seu marido a promessa de que não seria *apreendida pelos credores dele para uma demanda*[43] e para isso foi redigido um documento selado, caso esse homem tenha contraído dívidas antes de se casar com ela, seu credor não apreenderá a esposa dele para uma demanda; e se essa mulher, antes de ingressar na casa do homem já contraíra dívidas, o credor não *apreenderá seu marido para uma demanda*[44].

PARÁGRAFO 152
Se, depois do ingresso dessa mulher na casa do homem, uma dívida pesa sobre eles, ambos a saldarão com o negociante.

PARÁGRAFO 153
Se a esposa de um homem, tendo um outro homem em vista, causar o assassinato de seu marido, essa mulher será enforcada.

PARÁGRAFO 154
Se um homem manteve relações sexuais com sua filha, ele será expulso do lugar.

PARÁGRAFO 155
Se um homem escolheu uma noiva para seu filho e *se este a conheceu*[45], se seu próprio pai em seguida for surpreendido a dormir no seio dela, esse homem será amarrado e arremessado às águas.

PARÁGRAFO 156
Se um homem escolheu uma noiva para seu filho, e *se seu filho não a conheceu ainda*[46] e ele próprio dormiu no seio dela, ele lhe pagará meia mina de prata e lhe restituirá integralmente tudo o que ela trouxe da casa de seu pai, e ela desposará quem quiser.

---

43. Ou simplesmente *responsabilizada diante da lei*. (N.T.)
44. Ou simplesmente *responsabilizará o marido diante da lei*. (N.T.)
45. No original: *si celui-ci l'a connue,...*, isto é, *se este manteve relações sexuais com ela*. (N.T.)
46. No original: *si son fils ne l'a pas encore connue,...* ou seja, *se seu filho não manteve ainda relações sexuais com ela*. (N.T.)

PARÁGRAFO 157
Se um homem dormiu, depois de seu pai, no seio de sua mãe, *ambos serão queimados*[47].

PARÁGRAFO 158
Se um homem, depois de seu pai, é surpreendido no seio daquela que o criou e que teve filhos (desse pai), esse homem será expulso da casa paterna.

PARÁGRAFO 159
Se um homem mandou transportar para a casa do [futuro] sogro bens móveis e já forneceu o dote, mas volta seus olhos para uma outra mulher e diz a seu sogro: "eu não desposarei tua filha", o pai da moça conservará tudo o que lhe foi enviado.

PARÁGRAFO 160
Se um homem mandou transportar bens móveis para a casa de seu [futuro] sogro, forneceu o dote, mas o pai da moça diz: "eu não te darei minha filha", esse pai restituirá em dobro tudo o que lhe foi enviado.

PARÁGRAFO 161
Se um homem mandou transportar bens móveis para a casa de seu [futuro] sogro, forneceu o dote, mas um amigo seu o difamou e o [futuro] sogro diz ao [futuro] marido: "tu não desposarás minha filha", o [futuro] sogro restituirá em dobro tudo o que lhe foi enviado e o tal amigo não poderá desposar a moça.

PARÁGRAFO 162
Se um homem desposou uma moça e ela lhe deu *filhos*[48], caso ela morra, seu pai nada reivindicará de seu enxoval: o enxoval da esposa pertence a seus filhos.

---

47. No original: *on les brûlera tous deux*. Há uma certa ambiguidade aqui, mas entendemos que os punidos tão severamente são mãe e filho e não pai e filho, até porque o pai poderá já estar morto. (N.T.)

48. Ver nota 34.

PARÁGRAFO 163
Se um homem desposou uma moça e ela não lhe deu filhos[49], caso ela morra, se o sogro dele restituiu o dote que esse homem enviou a sua casa, o marido não reivindicará nada do enxoval dessa mulher; seu enxoval pertence à casa paterna.

PARÁGRAFO 164
Se seu sogro não lhe restituiu o dote, ele deduzirá todo o dote da mulher de seu enxoval e restituirá (em seguida) o enxoval à casa do pai da mulher.

PARÁGRAFO 165
Se um homem presenteou um de seus *filhos*[50], o que mais considera entre eles, com campo, pomar e casa e o documentou, caso o pai morra em seguida, quando da partilha com os irmãos, esse filho predileto conservará o presente dado pelo pai e, ademais, no que diz respeito à fortuna em bens móveis, haverá uma partilha em partes iguais.

PARÁGRAFO 166
Se um homem providenciou esposas para seus filhos, à exceção de um deles que é menor, por ocasião do falecimento do pai, quando os irmãos maiores fizerem a partilha da fortuna em bens móveis da casa paterna, eles darão ao seu irmão menor que ainda não casou, além da porção que lhe cabe, prata para um dote e farão com que tome uma esposa.[51]

PARÁGRAFO 167
Se um homem desposa uma moça e esta lhe dá filhos[52], quando a esposa morrer e depois do falecimento desta, se ele casar com outra moça que também lhe der filhos, quando ele próprio vier a morrer,

---

49. Ver nota 34. (N.T.)
50. ...*fils*,...: filhos do sexo masculino. (N.T.)
51. Presume-se: quando o irmão menor atingir a maioridade. (N.T.)
52. Ver nota 34. (N.T.)

os filhos[53] não farão a partilha segundo as mães (em dois): tomarão cada um do enxoval de sua mãe (cada grupo daquele de sua mãe); entretanto, todos eles dividirão em partes iguais a fortuna em bens móveis da casa paterna.

PARÁGRAFO 168
Se um homem se propôs a renegar[54] seu filho[55] e declarou ao juiz: "renego o meu filho", o juiz examinará se há fundamento para essa forma de pensar, e se o filho não for responsável por nenhum crime grave passível de privá-lo de sua filiação, seu pai não poderá retirá-lo da filiação.

PARÁGRAFO 169
Se for responsável por um crime grave contra seu pai, suscetível dessa privação, no caso de uma primeira vez seu pai fará uma concessão; no caso de por uma segunda vez ser responsabilizado por um crime grave, o pai poderá retirar seu filho da filiação.

PARÁGRAFO 170
Se uma esposa deu filhos[56] a um homem e se uma escrava desse homem também lhe deu filhos, se durante a vida desse pai ele declarou aos filhos da escrava: "vós sois meus filhos", e os contou entre os filhos da esposa, caso em seguida ocorra a morte do pai, os filhos da esposa e os filhos da escrava dividirão em partes iguais a fortuna em bens moveis da casa paterna e os filhos que são filhos da esposa terão direito de escolha na divisão e o tomarão para si.

PARÁGRAFO 171
Se o pai, enquanto viver, não houver declarado aos filhos da escrava que foi ela que os concebeu, ou seja, "vós sois meus filhos", por oca-

---

53. ...les fils...: os filhos do sexo masculino. (N.T.)

54. No original: renier, mas Scheil esclarece que literalmente é arracher (extirpar, retirar). Pensamos que o conceito em pauta corresponde ao nosso de deserdar. (N.T.)

55. Ver nota 34. (N.T.)

56. ...enfants...: em todo o contexto deste parágrafo e dos seguintes (até o 177), filhos independentemente do sexo. (N.T.)

sião da morte do pai os filhos da escrava não dividirão a fortuna em bens móveis da casa paterna com os filhos da esposa. Ele liberta a escrava e seus filhos com ela; os filhos da esposa não podem reivindicar a servidão dos filhos da escrava; no que diz respeito à esposa, ela tomará seu enxoval e *a dádiva*[57] feita por seu marido documentada e permanecerá na casa de seu marido enquanto viver, fruindo disso, mas não poderá alienar nada daquilo de que fruir por prata. Após sua morte, tudo pertencerá aos seus filhos.

PARÁGRAFO 172
Se seu marido não lhe ofereceu uma *dádiva*[58], a ela será restituído integralmente seu enxoval e ela tomará da fortuna em bens móveis da casa do marido uma parte correspondente a um filho. Se seus filhos a forçarem a deixar a casa, o juiz examinará os motivos deles e se o erro recair sobre os filhos, essa mulher não sairá da casa de seu marido. Mas se estiver disposta a sair, deixará aos seus filhos a *dádiva* que recebeu do marido, tomará o enxoval da casa de seu pai e se casará com quem quiser.

PARÁGRAFO 173
Se essa mulher, ali onde adentrou [como esposa], der filhos a seu segundo marido e morrer em seguida, os filhos anteriores e posteriores dividirão o seu enxoval.

PARÁGRAFO 174
Se ela não deu filhos ao seu segundo marido, os filhos do primeiro marido ficarão com seu enxoval.

PARÁGRAFO 175
Se um escravo do palácio ou um escravo de um *súdito comum*[59] desposou uma filha de homem livre e gerou filhos, o dono do escravo não pode reivindicar para a escravidão os filhos de uma filha de um homem livre.

---

57. ...*le don*... no original, mas é de se supor que se trate do dote. (N.T.)
58. ...*un don*... no original, mas considerar a nota 57. (N.T.)
59. ...*mouchkínou*...: ver parágrafo 140 e nota alusiva a esse termo. (N.T.)

PARÁGRAFO 176
E se o escravo do palácio ou o escravo de um súdito comum casou com a filha de um homem livre, e ela ingressou na casa do escravo do palácio ou do escravo de um súdito comum levando um enxoval proveniente da casa de seu pai e depois de estarem juntos, estabelecidos, adquiriram bens – se em seguida o escravo do nobre ou o escravo do súdito comum morre, a filha do homem livre tomará seu enxoval e a partir de tudo que seu marido e ela, desde que estavam juntos, adquiriram, duas partes serão formadas. O dono do escravo tomará uma metade e a filha do homem livre tomará a outra metade para seus filhos. Se a filha do homem livre não dispunha de "enxoval", será dividido em duas partes aquilo que seu marido e ela adquiriram a partir do momento em que estavam juntos, e o dono do escravo tomará uma metade, enquanto a filha do homem livre tomará a outra metade para seus filhos.

PARÁGRAFO 177
Se uma viúva cujos filhos são menores se propõe a ingressar em uma outra casa, não o fará sem a autorização do juiz; quando ingressar em outra casa, o juiz investigará o que resta da casa do primeiro marido e confiará ao seu segundo marido e a ela a casa de seu primeiro marido, e os fará documentá-lo mediante contrato; eles cuidarão da casa, criarão as crianças e não venderão nenhum objeto nela existente. O comprador que adquirir um objeto dos filhos da viúva se verá privado de sua prata. O objeto retornará ao seu dono.

PARÁGRAFO 178
Se o pai deu a uma sacerdotisa ou a uma mulher pública um enxoval e *gravou uma plaqueta*[60], se nesta não constou que ela poderá dar a quem lhe aprouver sua herança após sua morte, nem acatar o desejo de seu coração, depois, por ocasião da morte do pai, os irmãos (da mulher) tomarão posse do campo e do pomar, e segundo o valor de sua porção, darão a ela trigo, azeite, lã e contentarão o

---
60. Isto é, *o documentou*. (N.T.)

anseio de seu coração; se seus irmãos não lhe derem trigo, azeite e lã de acordo com o valor de sua porção e não contentarem o anseio de seu coração, ela dará seu campo e pomar a um fazendeiro de seu agrado e seu fazendeiro a sustentará: ela fruirá de tudo que seu pai lhe deixara enquanto viver. Mas não poderá vendê-lo nem o utilizará como pagamento a uma outra pessoa.

Parágrafo 179
Se o pai de uma sacerdotisa ou de uma mulher pública deu a esta um enxoval e gravou uma plaqueta[61] e se nessa plaqueta por ele gravada daria a quem quisesse a herança depois da morte dela, e permitiu que seguisse o desejo de seu coração, em seguida por ocasião de morte do pai, ela dará a quem lhe aprouver a sua herança; seus irmãos nada lhe contestarão.

Parágrafo 180
Se o pai de uma filha reclusa ou de uma mulher pública não deu a esta um enxoval, a seguir, por ocasião da morte dele, ela herdará uma parte da fortuna mobiliária da casa paterna como filha e dela fruirá enquanto viver; após sua morte, essa parte retornará aos seus irmãos.

Parágrafo 181
Se um pai consagrou a uma divindade um *hieródulo*[62] ou uma virgem[63] e não lhe deu um enxoval, mais tarde, por ocasião da morte do pai, ela herdará, na qualidade de filha, um terço da fortuna mobiliária da casa paterna, de que fruirá enquanto viver; depois de sua morte, isso retornará aos seus irmãos.

---

61. Ver nota 60. (N.T.)

62. ...*hiérodule*..., do grego ιερόδουλος (*hieródoylos*), escravo que se ocupava do serviço do templo de um deus; encargo semelhante na religião grega antiga, onde, por exemplo, em Corinto escravas tinham essencialmente a mesma incumbência. Apesar do masculino, aqui se trata presumivelmente de uma filha virgem que passava a prestar serviço ao templo de uma divindade.

63. Scheil registra uma dúvida aqui. (N.T.)

PARÁGRAFO 182
Se o pai de uma sacerdotisa de Marduk[64] na Babilônia não deu um enxoval a sua filha, nem para ela *gravou uma plaqueta*[65], por ocasião da morte do pai posteriormente ela herdará, com seus irmãos, um terço da fortuna mobiliária da casa paterna na condição de filha; ela não administrará pessoalmente sua parte e depois de sua morte uma sacerdotisa de Marduk a dará a quem lhe aprouver.

PARÁGRAFO 183
Se um pai ofereceu um enxoval a sua filha de um concubinato, deu-a a um marido e o documentou, por ocasião, posteriormente, da morte do pai, ela não participará da fortuna mobiliária da casa paterna.

PARÁGRAFO 184
Se um homem não ofereceu um enxoval a sua filha de um concubinato, nem a deu a um marido, por ocasião, posteriormente, da morte do pai, os irmãos dela lhe oferecerão um enxoval em consonância com a fortuna da casa paterna e a darão a um marido.

PARÁGRAFO 185
Se um homem tomou uma criança como filho adotivo por ocasião do nascimento dela, deu-lhe seu próprio nome e a criou, essa criança adotada que recebeu educação não pode ser reclamada.

PARÁGRAFO 186
Se um homem adotou uma criança a inserindo em sua filiação e, ao tomá-la, *ele violentou*[66] o pai e a mãe dela, a criança adotada retornará à casa de seu pai.

PARÁGRAFO 187
O filho de um funcionário favorito do palácio, ou o filho de uma mulher pública não pode ser reclamado.

---

64. Principal divindade do panteão da religião babilônica. (N.T.)
65. Ver nota 60.
66. ...*il a violenté*...: Scheil registra uma dúvida aqui. (N.T.)

PARÁGRAFO 188
Se um artesão tomou uma criança para criá-la e ensinar-lhe seu ofício, ela não pode ser reclamada.

PARÁGRAFO 189
Se ele não ensinou a ela o seu ofício, essa criança pode voltar à casa de seu pai.

PARÁGRAFO 190
Se um homem que adotou uma criança e a criou não a considerou entre seus próprios filhos, essa criança adotada e educada retornará à casa de seu pai.

PARÁGRAFO 191
Se um homem que adotou uma criança e a criou, estabelece uma família e em seguida tem filhos[67], e se dispõe a renegar (retirar) o adotado, essa criança não seguirá seu caminho [sem recursos]; o pai que a criou lhe dará um terço de sua fortuna mobiliária, como parte correspondente a um filho, e então ela irá embora. Quanto ao campo, pomar e casa, ele nada lhe dará.

PARÁGRAFO 192
Se um filho[68] [adotivo] de um funcionário favorito ou um filho [adotivo] de uma mulher pública diz ao pai que o criou ou à mãe que o criou: "tu não és meu pai, tu não és minha mãe", sua língua será cortada.

PARÁGRAFO 193
Se o *filho*[69] [adotivo] de um funcionário favorito, ou o filho [adotivo] de uma mulher pública conheceu a casa de seu pai [natural] e desprezou o pai que o criou e a mãe que o criou, e se dirigiu à casa de seu pai [natural], seus olhos serão arrancados.

---

67. Ver nota 34. (N.T.)
68. Ver nota 34. (N.T.)
69. ...*fils*..., ou seja, menino, mas o contexto sugere menino ou menina. (N.T.)

PARÁGRAFO 194

Se um homem entregou seu filho[70] a uma ama de leite e esse filho morrer nas mãos dessa ama de leite, caso a ama de leite tenha nutrido uma outra criança, sem (a permissão) do pai e da mãe desta, ela será intimada, e por haver nutrido uma outra criança sem (a permissão de) do pai e da mãe desta, seus seios serão cortados.

PARÁGRAFO 195

Se um *filho*[71] agrediu seu pai, esse filho terá suas mãos cortadas.

PARÁGRAFO 196

Se um homem perfurou o olho de um homem livre, terá um dos seus olhos perfurado.

PARÁGRAFO 197

Se quebrou um membro de um homem livre, terá um dos seus membros quebrado.

PARÁGRAFO 198

Se perfurou o olho de um *súdito comum*[72], ou quebrou um membro de um súdito comum, pagará uma mina de prata.

PARÁGRAFO 199

Se perfurou o olho de um escravo de homem livre, ou quebrou um membro de um escravo de homem livre, pagará a metade de seu preço.

PARÁGRAFO 200

Se um homem quebrou os dentes de um homem de condição idêntica a sua, terá seus próprios dentes quebrados.

PARÁGRAFO 201

Se quebrou os dentes de um súdito comum, pagará um terço de mina de prata.

---

70. Ver nota 69. (N.T)
71. ...*fils*...: filho do sexo masculino. (N.T.)
72. ...*mouchkínou*,... . (N.T.)

PARÁGRAFO 202
Se um homem agrediu a cabeça de um homem de condição superior a sua, receberá sessenta golpes de *matraca*[73] em público.

PARÁGRAFO 203
Se um homem golpeou a cabeça de um homem de condição idêntica à sua, pagará uma mina de prata.

PARÁGRAFO 204
Se golpeou a cabeça de um súdito comum, pagará dez siclos de prata.

PARÁGRAFO 205
Se golpeou a cabeça de um escravo de homem livre, sua orelha será cortada.

PARÁGRAFO 206
Se em uma briga um homem golpeou outro homem e lhe causou um ferimento, esse homem jurará: "eu não o fiz conscientemente", e pagará o médico.

PARÁGRAFO 207
Se devido aos seus golpes o outro homem perde a vida, ele ainda jurará, e se se tratar de um filho de homem livre, ele pagará meia mina de prata.

PARÁGRAFO 208
E se se tratar de um filho de súdito comum, ele pagará um terço de mina de prata.

PARÁGRAFO 209
Se um homem golpeou uma filha de homem livre e causou o seu aborto, ele pagará dez siclos de prata [como indenização] pela perda do fruto do ventre dessa filha.

PARÁGRAFO 210
Caso essa mulher morra, a filha (do agressor) será executada.

---

73. ...*nerf de bœuf*...: instrumento contundente de configuração geralmente cilíndrica fabricado com o ligamento cervical traseiro desidratado (ressecado). Sua função era semelhante à do chicote feito de couro de boi. (N.T.)

PARÁGRAFO 211
Se se tratar de uma filha de súdito comum à qual ele causou o aborto mediante seus golpes, ele pagará cinco siclos de prata [a título de indenização].

PARÁGRAFO 212
No caso da morte dessa mulher, ele pagará meia mina de prata [de indenização].

PARÁGRAFO 213
Se golpeou a escrava de um homem livre e provocou o seu aborto, pagará dois siclos de prata.

PARÁGRAFO 214
No caso da morte dessa escrava, ele pagará um terço de mina de prata [de indenização].

PARÁGRAFO 215
Se um médico tratou um homem de uma ferida grave utilizando uma punção de bronze e o curou, se, mediante um punção de bronze, abriu a *belida*[74] de um homem e curou o olho desse homem, ele receberá dez siclos de prata.

PARÁGRAFO 216
Se se tratar de um súdito comum, ele receberá cinco siclos de prata.

PARÁGRAFO 217
Se se tratar de um escravo de homem livre, o senhor do escravo dará ao médico dois siclos de prata.

PARÁGRAFO 218
Se um médico tratou um homem livre de uma ferida grave empregando uma punção de bronze e causou sua morte, e se abriu a belida do homem por meio da punção de bronze e perfurou seu olho, as mãos do médico serão cortadas.

---

74. ...*taie*...: mancha esbranquiçada na córnea. (N.T.)

PARÁGRAFO 219
Se um médico tratou o escravo de um súdito comum de uma ferida grave empregando a punção de bronze e causou a morte do escravo, substituirá o escravo morto por um vivo.

PARÁGRAFO 220
Se abriu a belida com a punção de bronze e perfurou o olho do escravo, pagará [a título de indenização] com prata a metade do preço do escravo.

PARÁGRAFO 221
Se um médico curou o membro quebrado de um homem livre, e recuperou um órgão que estava enfermo, o paciente pagará ao médico cinco siclos de prata.

PARÁGRAFO 222
Se se tratar de um filho de súdito comum, ele pagará três siclos de prata.

PARÁGRAFO 223
Se se tratar de um escravo de homem livre, o senhor do escravo pagará ao médico dois siclos de prata.

PARÁGRAFO 224
Se *o médico dos bois ou dos burros*[75] tratou um boi ou um burro de uma ferida grave e o curou, o dono do boi ou do burro pagará ao médico, por seu trabalho, um sexto (de siclo)[76] em prata.

PARÁGRAFO 225
Se tratou um boi ou um burro de uma ferida grave e causou sua morte, dará ao dono do animal um quarto do preço dele.

PARÁGRAFO 226
Se um cirurgião, sem que o senhor do escravo o saiba, imprimiu neste último uma marca de escravidão de inalienabilidade, as mãos desse cirurgião serão cortadas.

---

75. ...*le médecin des bœufs ou des ânes*..., ou seja, o veterinário. (N.T.)
76. Scheil registra uma dúvida aqui. (N.T.)

PARÁGRAFO 227
Se um homem enganou um cirurgião e este imprimiu uma marca de escravidão de inalienabilidade, esse homem será executado e enterrado em sua casa; o cirurgião jurará: "não imprimi essa marca com ciência do caso", com o que ficará livre.

PARÁGRAFO 228
Se um construtor construiu uma casa para outra pessoa e a entregou em condição satisfatória, receberá por seu trabalho dois siclos de prata por *sar*[77] de superfície.

PARÁGRAFO 229
Se um construtor construiu para uma outra pessoa uma casa e não entregou uma edificação sólida, caso a casa construída venha a desabar, matando o dono da casa, o construtor será passível de morte.

PARÁGRAFO 230
Se foi o filho do dono da casa que foi morto, o filho do construtor será morto.

PARÁGRAFO 231
Se o morto foi o escravo do dono da casa, o construtor, como indenização ao dono da casa, substituirá o escravo morto por um vivo.

PARÁGRAFO 232
Se a destruição foi dos bens mobiliários, o construtor restituirá tudo o que destruiu, e por não haver entregado a edificação sólida, resultando no seu desabamento, ele providenciará a restauração da casa arruinada às suas próprias custas.

PARÁGRAFO 233
Se um construtor construiu para alguém uma casa, e não transmitiu solidez aos alicerces de sua obra, caso uma parede venha a cair, o construtor a reerguerá lhe transmitindo solidez com recursos próprios.

---

77. Medida correspondente a 35 metros quadrados. (N.T.)

PARÁGRAFO 234
Se um barqueiro calafetou um navio de 60 *gur* para alguém, receberá como pagamento dois siclos de prata.

PARÁGRAFO 235
Se um barqueiro calafetou um navio para alguém e não o fez corretamente, se nesse mesmo ano de seu trabalho essa embarcação foi posta a funcionar e sofreu uma avaria, o barqueiro tomará a embarcação, fará os reparos com seus próprios recursos e entregará o navio reparado ao dono deste.

PARÁGRAFO 236
Se um homem alugou sua embarcação a um barqueiro e este a conduziu mal, afundando-a e causando sua perda, o barqueiro dará ao dono da embarcação uma outra embarcação.

PARÁGRAFO 237
Se um homem contratou um barqueiro e uma embarcação e a carregou de trigo, azeite, tâmaras ou qualquer outra mercadoria comestível de frete, se esse mercador conduziu mal a embarcação e a fez soçobrar e perdeu o que nela se encontrava, fará a restituição de uma embarcação e de toda a carga que perdeu.

PARÁGRAFO 238
Se um barqueiro encalhou a embarcação de alguém e a fez flutuar novamente, pagará a metade de seu preço em prata.

PARÁGRAFO 239
Se um homem contratou os serviços de um barqueiro, lhe dará como remuneração anual 6 *gur* de trigo.

PARÁGRAFO 240
Se um barco de corrida abalroou uma barcaça de um condutor de barcaça de travessia e a afundou, o dono da barcaça afundada declarará diante da divindade tudo que perdeu na barcaça, e o dono do barco de corrida que afundou a barcaça fará a restituição de uma barcaça e de tudo que nela foi perdido.

PARÁGRAFO 241
Se um homem submeteu o boi (alheio) a um trabalho forçado, pagará um terço de mina de prata.

PARÁGRAFOS 242/243
Se um homem o toma em locação por um ano, o preço de locação de um boi de tiro [boi que puxa carroça ou arado] é quatro *gur* de trigo, e ele dará ao proprietário do boi de carga[78], como preço de locação, três *gur* de trigo.

PARÁGRAFO 244
Se um homem alugou um boi ou um burro e se este ou aquele foi morto por um leão nos campos, o prejuízo será do dono do animal.

PARÁGRAFO 245
Se um homem alugou um boi e devido a maus-tratos ou a pancadas sofridas o animal veio a morrer, ele substituirá o boi morto por um vivo em favor do dono do boi.

PARÁGRAFO 246
Se um homem alugou um boi e quebrou a pata do animal, ou então cortou o tendão de seu pescoço, dará ao dono do boi um outro boi fisicamente íntegro em lugar do boi mutilado.

PARÁGRAFO 247
Se um homem alugou um boi e perfurou um olho do animal, dará ao dono do boi a metade de seu valor em prata [a título de indenização].

PARÁGRAFO 248
Se um homem alugou um boi, quebrou seu chifre, cortou sua cauda ou a parte superior do focinho do animal, dará [ao proprietário, a título de indenização] um quarto do valor do boi em prata.

---

78. Scheil registra uma dúvida aqui. (N.T.)

PARÁGRAFO 249
Se um homem alugou um boi, e se este foi atingido por uma divindade (um acidente), vindo a morrer, aquele que o alugou jurará em nome da divindade e ficará livre.

PARÁGRAFO 250
Se um boi furioso na sua corrida colheu (com seus chifres) um homem e o matou, esse causa não comporta qualquer reclamação.

PARÁGRAFO 251
Se o boi de um homem escorneia [fere com seus chifres] e seu dono está ciente disso, mas não apara os chifres do animal e nem o prende, caso esse boi colher com os chifres um filho de homem livre e o matar, o dono do boi pagará [como indenização] meia mina de prata.

PARÁGRAFO 252
Se se tratar de um escravo de homem livre, a indenização será de um terço de mina de prata.

PARÁGRAFO 253
Se um homem contratou outro para permanecer em seu campo e lhe [ ][79], confiou-lhe bois e o contratou para cultivar o campo, caso o contratado venha a furtar grãos ou plantas e for flagrado com eles, suas mãos serão cortadas.

PARÁGRAFO 254
Se ele tomou a [ ][80] e esgotou os bois, restituirá a quantidade de trigo que semeou.

PARÁGRAFO 255
Se ele fez locação do boi pertencente a outra pessoa, furtou sementes e nada produziu no campo, ele será intimado, e por 100 *gan* ele medirá 60 *gur* de trigo.

---

79. Scheil indica uma lacuna aqui, que conjecturalmente poderíamos preencher como: *lhe forneceu sementes*. (N.T.)
80. Scheil indica uma lacuna aqui, que conjecturalmente preenchemos por: *tomou as sementes*. (N.T.)

PARÁGRAFO 256
Se seu distrito[81] recusa-se a fazer a restituição, ele será abandonado no campo entre os animais.

PARÁGRAFO 257
Se um homem contratou um lavrador[82], ele lhe dará como remuneração anual 8 *gur* de trigo.

PARÁGRAFO 258
Se um homem contratou um boiadeiro, ele lhe dará como remuneração anual 6 *gur* de trigo.

PARÁGRAFO 259
Se um homem furtou uma máquina de irrigação nos campos, dará cinco siclos de prata ao dono da máquina.

PARÁGRAFO 260
Se furtou um *chadouf*[83] ou um arado, dará três siclos de prata [ao dono da máquina].

PARÁGRAFO 261
Se um homem contratou um pastor para apascentar seus bois e carneiros, pagará ao pastor 8 *gur* de trigo por ano.

PARÁGRAFO 262
Se um homem tem [ ][84] um boi ou carneiro, para [ ][85]

PARÁGRAFO 263
Se ele[86] perdeu o boi ou o carneiro que lhe foi confiado, dará ao proprietário do animal [boi ou carneiro] um outro boi ou outro carneiro.

---

81. Scheil registra uma dúvida aqui.
82. Scheil registra uma dúvida aqui.
83. Scheil esclarece que se trata de uma outra máquina de irrigação. (N.T.) [No Brasil, esse equipamento é conhecido como picota. (N.E.)]
84. Scheil indica uma lacuna aqui. (N.T.)
85. Outra lacuna é indicada por Scheil neste ponto. Este parágrafo 262 não admite sequer um preenchimento conjectural. (N.T.)
86. Ou seja, o pastor contratado. (N.T.)

PARÁGRAFO 264
Se o pastor ao qual foram confiados bois e carneiros para que os apascentasse recebeu todo o seu salário combinado, estando com isso satisfeito, mas reduziu o número de bois e de carneiros e, inclusive, a reprodução, fornecerá [ao dono dos animais, a título de compensação] filhotes e rendimentos conforme o que foi convencionado.

PARÁGRAFO 265
Se o pastor a quem foram confiados bois e carneiros para que os apascentasse foi desonesto, adulterou a condição (dos rebanhos) e os vendeu, ele será citado em justiça e restituirá ao proprietário dos animais o equivalente a dez vezes o seu roubo de bois e carneiros.

PARÁGRAFO 266
Se, acidentalmente, ocorreu uma devastação no curral ou se um leão matou animais, o pastor se desculpará diante da divindade e o dono do curral suportará a ruína.

PARÁGRAFO 267
Se o pastor for o responsável por uma brecha que causou dano ao curral, [possibilitando a fuga de animais do curral], ele providenciará o seu reparo e fará a reposição dos bois e ovinos [que tenham eventualmente fugido].

PARÁGRAFO 268
Se um homem alugou um boi para trilhar [esmagar] grãos, seu preço de locação é 20 *qa* de trigo.

PARÁGRAFO 269
Se ele alugou um burro para trilhar [esmagar] grãos, seu preço de locação é 10 *qa* de trigo.

PARÁGRAFO 270
Se alugou um burrico ou novilho, seu preço de locação é 1 *qa* de trigo.

PARÁGRAFO 271
Se um homem alugou os bois, a carroça e o condutor, dará [a título de remuneração] diária 180 *qa* de trigo.

PARÁGRAFO 272
Se um homem alugou somente a carroça, dará [a título de remuneração] diária 40 *qa* de trigo.

PARÁGRAFO 273
Se um homem contratou um diarista, pagará diariamente 6 *che*[87] de prata do começo do ano até o quinto mês; a partir do sexto mês até o fim do ano, pagará diariamente 5 *che* de prata.

PARÁGRAFO 274
Se alguém contratou um artesão:
o pagamento diário do [ ][88] é 5 *che* de prata;
o pagamento diário do oleiro[89] é 5 *che* de prata;
o pagamento diário do alfaiate[90] é 5 *che* de prata;
o pagamento diário do talhador de pedras[91] é [ ][92] de prata;
o pagamento diário do [ ] é [ ] de prata;
o pagamento diário do [ ] é [ ] de prata;
o pagamento diário do carpinteiro é 4 *che* de prata;
o pagamento diário do [ ] é 4 *che* de prata;
o pagamento diário do [ ] é [ ] *che* de prata;
o pagamento diário do pedreiro é [ ] de prata.[93]

PARÁGRAFO 275
Se um homem alugou (uma barcaça), seu preço de locação é 3 *che* de prata por dia.

PARÁGRAFO 276
Se for um barco de corrida, o preço de locação diária é 2 *che* e meio de prata.

---

87. Unidade de peso equivalente a 1 grama. (N.T.)
88. Scheil indica uma lacuna aqui. (N.T.)
89. Sheil registra uma dúvida aqui. (N.T.)
90. Scheil registra uma dúvida aqui. (N.T.)
91. Scheil registra uma dúvida aqui. (N.T.)
92. Scheil indica uma lacuna aqui. (N.T.)
93. Lacunas indicadas por Scheil. (N.T.)

PARÁGRAFO 277
Se um homem alugou uma embarcação de 60 *gur*, pagará por essa locação um sexto de siclo por dia.

PARÁGRAFO 278
Se um homem comprou um escravo ou escrava e antes de terminar um mês, uma enfermidade (paralisia) o atinge ou a atinge, ele fará a devolução do escravo ou escrava ao vendedor e o comprador receberá de volta a prata com a qual pagou o escravo ou escrava.

PARÁGRAFO 279
Se um homem comprou um escravo ou uma escrava e surgirem reivindicações, o vendedor as acolherá e prestará satisfação.

PARÁGRAFO 280
Se um homem comprou em país estrangeiro o escravo ou a escrava de alguém, caso ele retorne ao seu país e o senhor do escravo ou da escrava reconheça seu escravo ou escrava, supondo que esses escravos sejam nativos do país, ele os libertará sem um pagamento em prata.

PARÁGRAFO 281
Caso sejam estrangeiros, o comprador jurará diante da divindade que pagou por eles, o senhor do escravo ou da escrava devolverá ao negociante a prata despendida e recuperará seu escravo ou escrava.

PARÁGRAFO 282
Se um escravo diz ao seu senhor: "tu não és meu senhor", o senhor o levará à justiça, comprovando ser ele seu escravo e cortará a orelha do escravo.

Decretos de equidade estatuídos por Hamurabi, o rei poderoso!

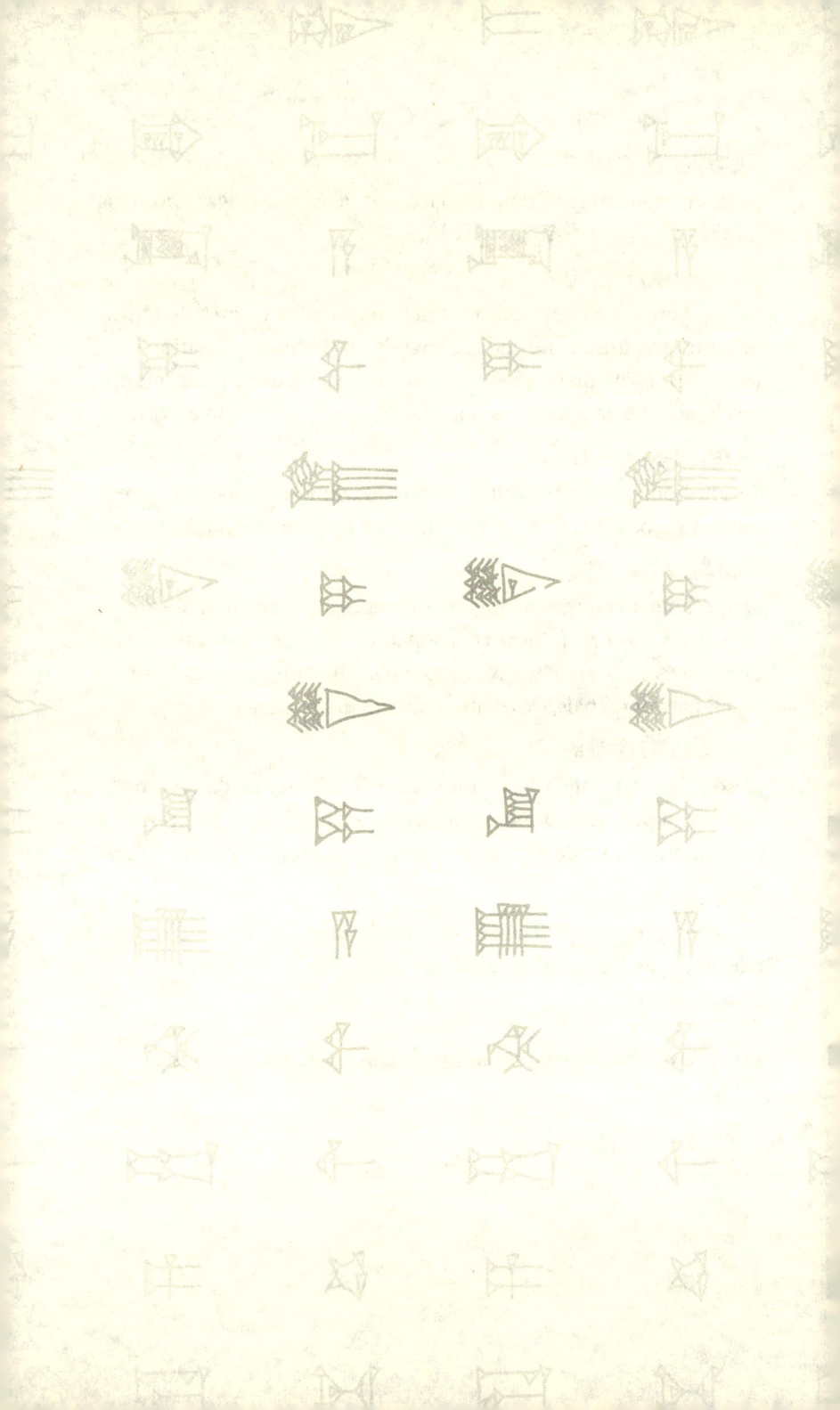

AS LEIS DE MANU
CAPÍTULOS VIII e IX

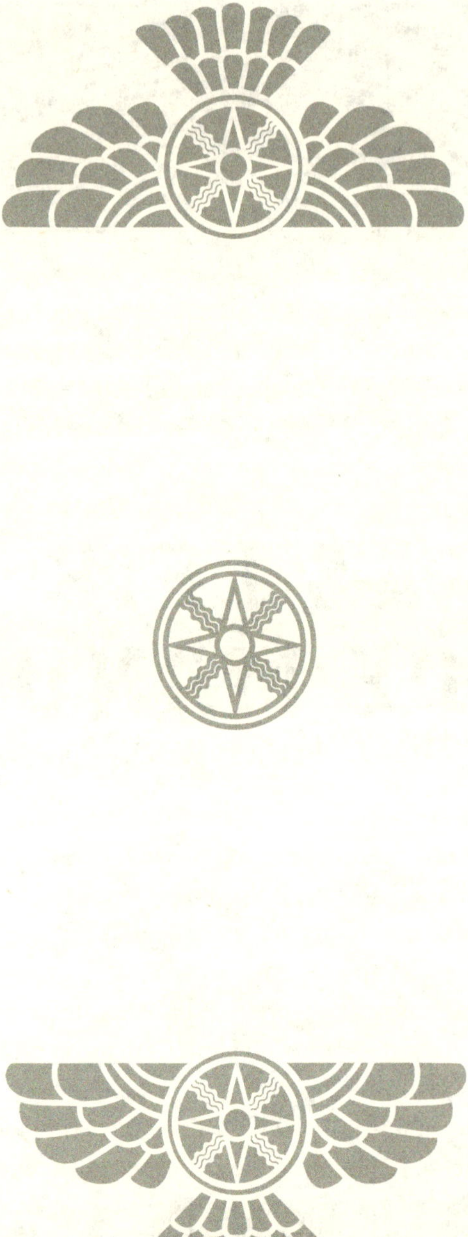

NOTA INTRODUTÓRIA

Segundo a lenda, Sarasvati foi a primeira mulher, criada por Brahma da sua própria substância. O deus a desposou e, após o casamento, nasceu Manu, pai da humanidade, a quem se atribuiu o mais popular código de leis reguladoras da convivência social.

Esse personagem mítico é constantemente citado e altamente honrado não somente como o sumo legislador, mas também como excelente em outras obras que abrangem todo o gênero da literatura indiana. É frequentemente incluído na lenda, assumindo ora a figura de um antigo sábio, de um rei, de um legislador, ora como o único ser sobrevivente após a catástrofe do dilúvio.

Manu, progênie de Brahma, pode ser considerado como o mais antigo legislador do mundo; a data de promulgação de suas Leis não é certa, alguns estudiosos calculam que seja aproximadamente entre os anos 1300 e 800 a.C.

Lembramos que o Código de Hamurabi, mais antigo que as Leis de Manu em pelo menos 1.500 anos, não se trata de um verdadeiro código no sentido técnico da palavra, mas de uma coletânea de normas que abrange vários assuntos e preceitos.

Redigido de forma poética e criativa, as regras presentes nas Leis de Manu são expostas em versos. Cada regra consta de dois versos cuja metrificação, segundo os indianos, teria sido inventada por um santo eremita chamado Valmiki, em torno do ano 1500 a.C.

Existem estudos indicando que originalmente as leis eram compostas por mais de 100 mil dísticos (grupo de dois versos) e que, por meio de manipulações e cortes feitos em épocas diferentes, tenha sido reduzido para tornar menos cansativa a leitura integral do texto; nas edições hoje conhecidas, constam 2.685 dísticos distribuídos em 12 capítulos.

Nesta edição, transcrevemos os Capítulos VIII e IX, por serem os de maior interesse no campo jurídico.

A seguir, apresentamos uma síntese do conteúdo dos 12 capítulos, da qual podemos concluir que, excluindo-se os Capítulos I e XII, os demais podem ser divididos em três grupos: a) sancionam o ordenamento religioso da sociedade; b) disciplinam os deveres do rei; e c) discorrem sobre o direito processual.

Capítulo I – Descreve a apresentação e o pedido das leis compiladas pelos Maharqui (os dez santos eminentes) dirigido a Manu; a criação do mundo; a hierarquia celeste e humana; a divisão do tempo; o alternar-se da vida e da morte em cada ser criado e a explicação das regras para que possam ser difundidas.

Capítulo II – Institui os deveres dos homens virtuosos, os quais são inatacáveis tanto pelo ódio quanto pelo amor; as obrigações e a vida prescrita para o noviciado e a assunção dos sacramentos para os brâmanes, sacerdotes membros da mais alta casta hindu.

Capítulo III – Estipula normas sobre o matrimônio e os deveres do chefe de família; traz descrições minuciosas sobre os inúmeros costumes nupciais; o comportamento do bom pai frente à mulher e aos filhos; a obrigação de uma vida virtuosa; a necessidade de excluir pessoas indesejáveis como, por exemplo, os portadores de doenças infecciosas, os ateus, os que blasfemam, os vagabundos, os parasitas, os dançarinos de profissão etc., do meio familiar; as oblações que devem ser feitas aos Deuses etc.

Capítulo IV – Ratifica, como de fundamental importância, o princípio de que qualquer meio de subsistência é bom se não prejudica, ou prejudica o menos possível, os outros seres humanos, e ensina de que maneira, honesta e honrosa, se pode procurar como e do que viver.

Capítulo V – Indica quais os alimentos devem ser preferencialmente consumidos para ter-se uma vida longa e quais normas de existência devem ser seguidas para a purificação do corpo e do espírito; eleva simbolicamente a função do trabalho e determina normas de conduta para as mulheres, que devem estar sempre submetidas ao homem (pai, marido, filho ou parente e, na falta destes, ao soberano).

Capítulo VI – Regula a vida dos anacoretas (religiosos contemplativos) e dos ascetas (praticantes); e de como virem a sê-los, conhecendo as escrituras, fazendo sacrifícios e abandonando as paixões humanas.

Capítulo VII – Determina os deveres dos reis e confirma as normas de suas condutas, que devem ter como objetivo proteger com justiça todos aqueles que estão submetidos ao seu poder. As leis se ocupam não só das relações internas como também das externas, e ditam regras de diplomacia para os embaixadores do rei e da arte da guerra quando for preciso recorrer às armas. O princípio romano "se queres a paz prepara-te para a guerra" (*si vis pacem para bellum*) já é aplicado aqui, quando diz que o rei, cuja armada mantém-se eficiente e constantemente em exercício, é temido e respeitado no mundo inteiro.

Capítulos VIII e IX – São os mais relevantes aos juristas, pois contêm normas de direito substancial e processual, como também as normas de organização judiciária. A justiça vem do rei, que deve decidir pessoalmente as controvérsias.

Capítulo X – Regula a hierarquia das classes sociais, a possibilidade dos matrimônios e os direitos que têm os filhos nascidos durante sua vigência e estabelece normas de conduta para aqueles que não conseguem, por contingências adversas, viver segundo as prescrições e as exigências de sua própria casta.

Capítulo XI – Enumera uma longa série de pecados e faltas, e estabelece as penitências e os meios para se redimir.

Capítulo XII – Enfoca a recompensa suprema das ações humanas. Aquele que faz o bem terá o bem eterno nas várias transmigrações de sua alma; o que faz o mal receberá a devida punição nas futuras encarnações. As transmigrações da alma são detalhadamente previstas e descritas, tanto em bem quanto em mal, até que a alma chegue à perfeita purificação e, em consequência, possa ser reabsorvida por Brahma.

Nota dos Editores

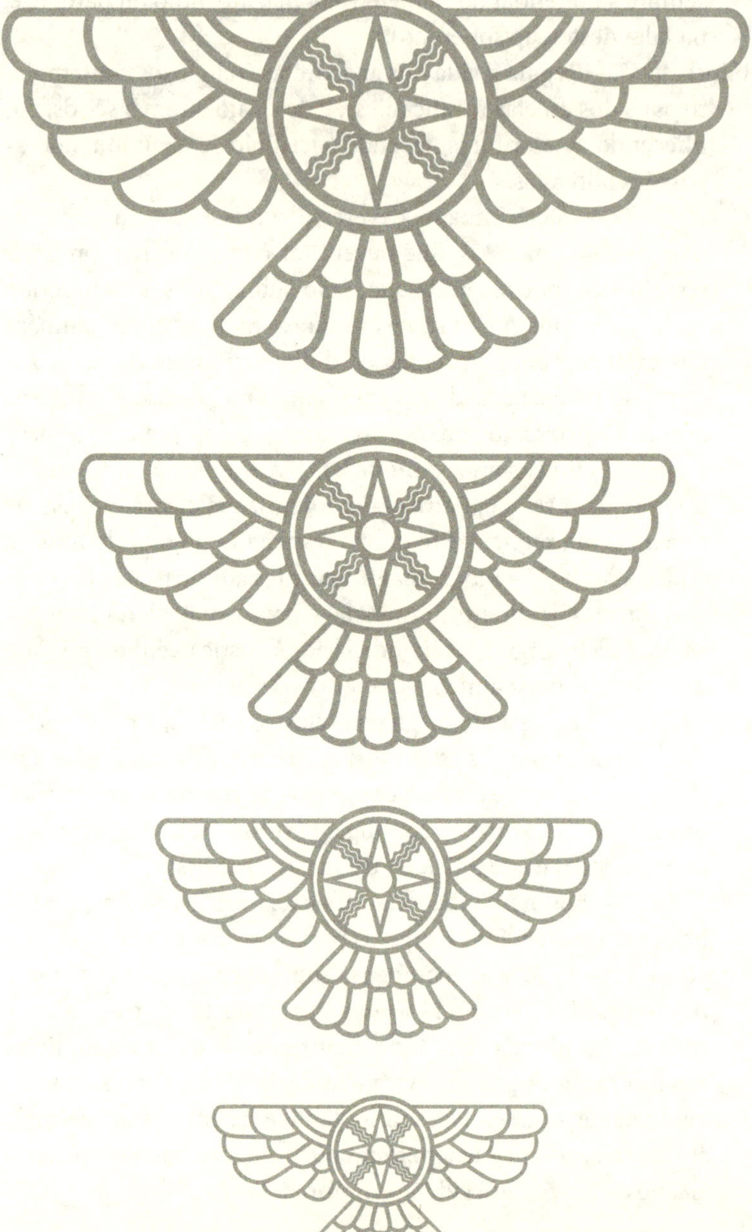

AS LEIS DE MANU

Capítulo VIII

1. Desejoso de investigar processos legais, um rei deve ingressar em seu tribunal mantendo um comportamento digno, acompanhado dos brâmanes[1] e conselheiros experientes.

2. Ali, sentado ou de pé, erguendo seu braço direito, sem ostentar seus trajes e ornamentos, que ele examine a questão dos litigantes.

3. Que (decida) diariamente de maneira sucessiva (todos os casos) que se enquadram nos dezoito títulos (da lei), conforme os princípios extraídos dos costumes locais e dos Institutos da lei sagrada.

4. Desses (títulos) o primeiro é o não pagamento de dívidas, e então na sequência (2) o depósito e o penhor, (3) a venda sem propriedade, (4) empresas em sociedades e (5) retomada de dádivas.

5. (6) Não pagamento de salários, (7) não cumprimento de acordos, (8) rescisão de contratos de venda e compra, (9) disputas entre o proprietário (de gado) e seus servos.

6. (10) Disputas relativas a limites, (11) agressão, (12) difamação, (13) furto, (14) roubo e violência, (15) adultério.

---

1. Sacerdotes e mestres do bramanismo ou hinduísmo, pertencentes a distintos graus. A presença dos brâmanes nas questões judiciais indica, entre outras coisas, a não laicização do direito e da justiça, não havendo uma nítida fronteira entre a instituição religiosa e o sistema judiciário; ademais, os brâmanes são os membros da mais elevada das castas da sociedade indiana e doutores. E o Estado laico só surgiu, mesmo no Ocidente, apenas na Idade Moderna. (N.T.)

7. (16) Deveres do marido e da esposa, (17) divisão (da herança), (18) jogo e apostas: *estes são neste mundo os dezoito tópicos que dão ensejo a processos legais.*

8. Na dependência da lei eterna, que ele decida os processos dos homens cujas disputas se enquadram, sobretudo, nos títulos que acabamos de mencionar.

9. Mas se o rei não examinar pessoalmente os processos, que aponte, então, um brâmane instruído para julgá-los.

10. Esse (homem) ingressará nesse tribunal supremo acompanhado de três assessores e examinará plenamente (todas) as causas (apresentadas) ao (rei), ou sentado ou em pé.

11. O local onde se sentam três brâmanes versados nos Vedas[2] e o (juiz) instruído apontado pelo rei é chamado de corte do Brahma[3] (de quatro faces).

12. Mas onde a justiça, ferida pelo dardo da injustiça, aproxima-se e os juízes não extraem o dardo, aí (também eles) são feridos (por esse dardo da injustiça).

13. Ou a corte não deve entrar em cena, ou a verdade deve ser pronunciada; uma pessoa que nada diz ou profere uma falsidade torna-se pecadora.

14. Onde é a justiça destruída pela injustiça, ou a verdade pela falsidade, sob o olhar indiferente dos juízes, nesse lugar serão eles também destruídos.

---

2. Quatro coleções contendo a mitologia, cânticos, hinos, salmos, rituais, fórmulas sagradas, mágicas etc., que constituem as Escrituras Sagradas do hinduísmo, a mais antiga (embora ainda hoje dominante) religião da Índia, de forte teor filosófico. A palavra *Veda* pode ser traduzida por *sabedoria*. (N.T.)

3. O deus criador no *Trimurti* (trindade), associado indissoluvelmente ao deus preservador (Vishnu) e ao deus destruidor (Shiva). (N.T.)

15. Sendo violada, a justiça destrói; sendo preservada, a justiça preserva: portanto, a justiça não deve ser violada para que a justiça violada não nos destrua.

16. Com efeito, (dizem que) a justiça divina é um touro (*vrisha*); que a (pessoa) que a viola é considerada pelos deuses (desprezível) como um *sudra*[4] (*vrishala*); que ela cuide, portanto, de não violar a justiça.

17. O único amigo que acompanha os seres humanos mesmo após a morte é a justiça, já que tudo o mais é perdido no mesmo momento em que o corpo (perece).

18. Um quarto da (culpa de) uma (decisão) injusta cai sobre aquele que cometeu (o crime), um quarto sobre a testemunha que deu falso testemunho, um quarto sobre todos os juízes e um quarto sobre o rei.

19. Mas quando aquele que merece a condenação é condenado, o rei está isento de culpa e os juízes são poupados (da reprovação); a culpa é (exclusivamente) daquele que perpetrou (o crime).

20. Um brâmane que permanece como tal somente graças ao nome de sua casta (*gâti*), ou alguém que tão só denomina a si mesmo brâmane (ainda que sua origem seja incerta), pode, se esta for a vontade do rei, interpretar a lei para ele, mas jamais um *sudra*.

21. O reino do monarca que se mantém indiferente enquanto um *sudra* estabelece a lei afundará como uma vaca em um pântano.

22. O reino no qual os *sudras* existem em grande número, que está infestado de ateus e que não tem (habitantes) *nascidos duas vezes*[5], não tarda a desaparecer completamente, atingido por fome e doença.

---

4. Na sociedade indiana, membro da quarta e mais baixa das castas, a que pertencem os servos. (N.T.)

5. ...*twice-born*..., membros das primeiras três castas, que foram iniciados, sobretudo os brâmanes. (N.T.)

23. Tendo ele[6] ocupado o assento da justiça, coberto seu corpo e venerado as divindades guardiãs do mundo, que ele, com uma mente tranquila e isenta de emoções, inicie o julgamento das causas.

24. Sabendo o que é conveniente ou inconveniente, o que é a genuína justiça ou a genuína injustiça, que ele examine as causas dos litigantes de acordo com a ordem das castas (*varna*).

25. Que pela observação de sinais externos descubra a disposição interior das pessoas, por meio da voz delas, pela cor de suas faces, por seus movimentos, por seu aspecto, pela expressão de seus olhos e por seus gestos.

26. A (atividade) interior (da) mente é percebida pelo aspecto, pelos movimentos, pelo modo de andar, pelos gestos, pela fala e pelas mudanças da expressão dos olhos e da fisionomia.

27. O rei protegerá a herança (e outras) propriedades do menor[7] até este retornar (da casa de seu tutor) ou atingir a maioridade.

28. Um cuidado semelhante deverá ser proporcionado às mulheres estéreis, àquelas que não têm filhos, àquelas que não têm mais família, às esposas e viúvas fiéis aos seus senhores e às mulheres atingidas por doenças.

29. Um rei justo deve punir como pune ladrões os parentes dessas mulheres que se apropriam de suas propriedades durante a vida delas.

30. A propriedade cujo dono desapareceu o rei manterá como um depósito por três anos, período durante o qual o dono poderá reivindicá-la; após esse prazo, o rei poderá tomá-la.

31. Aquele que declarar "Isso me pertence" deverá ser interrogado de acordo com a regra pertinente; se ele descrever com precisão a forma e o número (dos objetos encontrados) e assim por diante, (ele será) o dono (e) deve (receber) o que lhe pertence.

---

6. Ou seja, o rei ou o brâmane que o rei indicou para atuar como juiz. (N.T.)
7. Segundo alguns eruditos, a maioridade é atingida aos 17 anos. (N.T.)

32. Mas se realmente desconhecer quando e onde o(s) objeto(s) foi (foram) perdido(s), sua cor, forma e tamanho, pagará uma multa (de valor) igual ao [do(s) objeto(s) reivindicado(s)].

33. Ao rei, segundo o dever de homens de bem, é permitido tomar um sexto da propriedade perdida e depois encontrada, ou um décimo, ou ao menos um duodécimo.

34. A propriedade perdida e depois encontrada (pelos servos do rei) permanecerá na custódia de funcionários (especiais); entre estes, aqueles que possam vir a ser condenados pelo rei pelo furto dessa propriedade, por ordem do rei serão mortos por um elefante.

35. Do homem que declarar verdadeiramente, com respeito a um tesouro achado não pertencente a ninguém, "Isso me pertence", o rei poderá tomar um sexto ou um duodécimo do tesouro.

36. Mas aquele que (o) declarar falsamente será multado em um oitavo de sua propriedade ou, tendo sido feito um cálculo do (valor do) tesouro, a multa será em um valor correspondente a uma porção menor (daquele).

37. Quando um brâmane instruído achou um tesouro que estivera em depósito (anteriormente), ele pode tomar até todo (o tesouro), pois ele é o senhor de tudo.[8]

38. Quando o rei acha um tesouro antigo oculto no solo, que dê a metade aos brâmanes e instale a (outra) metade em seu próprio tesouro.

39. O rei tem direito a metade de antigos tesouros e jazidas de metais (encontrados) no solo, em razão de ser aquele (que dá) proteção e porque é o senhor do solo.

40. Propriedades roubadas por ladrões devem ser recuperadas pelo rei para (as pessoas) de todas as castas (*varna*); um rei que

---

8. Está acima do próprio rei, que é membro da segunda casta (*kshatriya*), casta dos integrantes da nobreza e dos guerreiros. (N.T.)

emprega tais (propriedades) em proveito próprio incorre na culpa de um ladrão.

41. (Um rei) conhecedor da lei sagrada deve investigar as leis das castas (*gâti*), dos distritos, das corporações e das famílias, e (assim) estabelecer a lei peculiar de cada um.

42. Com efeito, pessoas que se dedicam às suas ocupações particulares e se conformam às suas obrigações particulares tornam-se caras ao povo, ainda que possam viver distanciadas.

43. Nem o rei nem qualquer um dos seus servidores instaurarão, eles próprios, um processo legal, ou *acobertarão*[9] algum que tenha sido (a eles) submetido por (alguma) outra (pessoa).

44. Tal como um caçador localiza o covil de um cervo (ferido) pelas gotas de sangue por ele deixadas, o rei descobrirá pelas conclusões tiradas (dos fatos) de que lado está o certo.

45. Quando envolvido em processos judiciais, é necessário que preste total atenção à verdade, ao objeto (da disputa), (e) a si mesmo, e a seguir às testemunhas, ao lugar, ao tempo e ao aspecto do processo.

46. Desde que não se oponha aos (costumes dos) *países*[10], famílias e castas (*gâti*), o que ele estabelecerá como lei é aquilo que pôde ser a prática dos virtuosos, dos homens nascidos duas vezes devotados à lei.

47. Quando um credor abrir um processo (perante o rei) visando a recuperação de dinheiro do devedor, que o rei faça o devedor pagar a soma que o credor provou (lhe ser devida).

48. Independentemente do meio mediante o qual um credor possa obter a posse de sua propriedade, é permitido a ele forçar o devedor fazendo-o pagar.

---

9. ...*hush up*..., ou cancelarão, suprimirão. (N.T.)
10. ...*countries*,... mas presume-se que seja *províncias*. (N.T.)

49. É permitido a um credor recuperar uma propriedade emprestada quer por persuasão moral, quer instaurando processo legal, quer por uma manobra astuciosa, quer pelo *procedimento habitual*,[11] quer, em quinto lugar, empregando força.

50. Um credor que tenha recuperado pessoalmente o que lhe pertence de seu devedor não deve ser repreendido pelo rei por retomar o que é seu.

51. Entretanto, aquele que não reconhecer uma dívida comprovada por evidência sólida, será ordenado a pagar essa dívida ao credor além de uma pequena multa, de acordo com suas circunstâncias.

52. Diante do não reconhecimento (de uma dívida) por parte de um devedor após a decisão do tribunal de que ele precisa pagá-la, o pleiteante deve convocar (uma testemunha) que se achava presente (quando o empréstimo foi feito), ou apresentar outra prova.

53. O demandante (pleiteante) que convoca uma testemunha que não estava presente na transação, que desdiz suas declarações, ou que não percebe que suas declarações (são) confusas ou contraditórias...

54. Ou que tendo declarado o que pretende provar depois altera (seu caso), ou que sendo interrogado sobre um fato devidamente expresso por ele próprio não se conforma a ele...

55. Ou que conversa com as testemunhas em um local impróprio para essa conversa; ou que se nega a responder uma pergunta corretamente expressa, ou abandona (o tribunal)...

56. Ou que, tendo sido ordenado a se pronunciar, não o faz, ou que não prova o que alegou; ou que não sabe qual é o primeiro (ponto) [em pauta], e qual o segundo,[12] não terá êxito em seu processo.

---

11. ...*customary proceeding*,... Bühler esclarece: "matando a esposa, os filhos, o gado do devedor e sentando na porta deste". (N.T.)
12. Bühler: "qual é a prova e qual o ponto a ser provado". (N.T.)

57. Também diante daquele que diz: "Tenho testemunhas" e, ao ser ordenado a apresentá-las, não as apresenta, o juiz deverá, apoiado nesse (mesmos) fundamentos, declarar o processo insustentável e perdido.

58. Se um pleiteante se nega a falar, pode ser punido corporalmente ou multado de acordo com a lei; se (um réu) não oferecer contestação em favor de seu caso dentro de três quinzenas, terá sua causa perdida.

59. O rei multará (um réu) em um valor correspondente ao dobro da soma por ele falsamente não reconhecida, ou (o pleiteante) em um valor correspondente ao dobro da soma por ele falsamente declarada, pela ofensa cometida por essas duas (pessoas) contra a justiça.

60. (Um réu) que, tendo sido conduzido (ao tribunal) pelo credor (e), ao ser interrogado, não reconhece (a dívida), será condenado (por sua falsidade) por, ao menos, três testemunhas (que precisam depor) na presença do brâmane (apontado pelo) rei.

61. Eu[13] declararei inteiramente qual tipo de pessoas podem se tornar testemunhas em processos movidos por credores, e de que maneira essas (testemunhas) devem oferecer (evidências) verdadeiras.

62. Chefes de família, homens com descendentes do sexo masculino e nativos (habitantes do país, sejam) *kshatriyas*[14], *vaisyas*[15] ou *sudras*[16], têm competência, quando convocados por um instaura-

---

13. Manu. (N.T.)

14. Membros da segunda casta (*varna*) das quatro tradicionais da sociedade indiana, composta pelos guerreiros e integrantes da nobreza real (reis e príncipes). (N.T.)

15. Membros da terceira casta (*varna*), a que pertencem os mercadores, os criadores de gado e os agricultores. (N.T.)

16. Membros da quarta e última casta (*varna*), composta pelos servos. (N.T.)

dor de processo para fornecer evidências, e não quaisquer pessoas, seja qual for (a sua condição), exceto em casos de urgência.

63. Homens confiáveis de todas as (quatro) castas (*varna*[17]) podem se tornar testemunhas em processos legais, (homens) que são conscientes de todo o (seu) dever e que são destituídos de cobiça; mas que o rei rejeite aqueles (de um caráter) oposto.

64. Não devem ser admitidos como (testemunhas) aqueles que têm algum interesse vinculado ao processo, tampouco (amigos) ligados à família, companheiros e inimigos (das partes), nem (homens) anteriormente condenados (por perjúrio), nem (pessoas) que padecem de enfermidades (graves), nem (aquelas) maculadas (*por pecado mortal*)[18].

65. O rei não pode testemunhar, nem mecânicos e atores, nem um *srotriya*[19], nem um estudante dos Vedas, nem (um asceta) que renunciou a (toda) conexão (com o mundo),

66. Nem alguém totalmente dependente, nem alguém que goza de má reputação, nem um Dasyu[20], nem alguém que se dedica a uma ocupação proibida, nem um idoso, nem uma criança, nem um

---

17. O leitor deve ter notado que Bühler alterna as palavras do sânscrito *varna* e *gâti*, aparentemente porque não são propriamente sinônimos. Mesmo para eruditos, traduzir fielmente uma língua da complexidade do sânscrito é, por vezes, impossível. Só dispomos da palavra *casta* (inglês *caste*). L. N. Rangarajan, na sua monumental tradução e edição do *Arthashastra*, de Kautilya, diz: "*Varna* significa aqui" [ou seja, no âmbito e contexto do *Arthashastra*] "estritamente a divisão quádrupla da sociedade hindu." (KAUTILYA, The Arthashastra, Introdução, p. 29, 1992, Penguin Books) (Penguin Classics). É de se presumir que o termo *gâti* se aplique às subdivisões posteriores das quatro castas tradicionais. (N.T.)
18. ...*by mortal sin*..., pessoas que cometeram homicídio. (N.T.)
19. Brâmane instruído, sábio, versado nos Vedas. (N.T.)
20. Uma espécie de servo mercenário e não um sudra, pois não pertence a nenhuma das quatro castas tradicionais. É um *pária*, palavra que provém do tamil *paraiyan* (tocador de tambor). A palavra *Dasyu* tem outros significados, todos pejorativos, e remonta aos povos aborígenes dravidianos. (N.T.)

(homem sozinho), nem um homem das castas mais inferiores e nem alguém deficiente dos órgãos dos sentidos,

67. Nem alguém extremamente tomado pela tristeza, nem alguém embriagado, nem um louco, nem alguém atormentado pela fome ou pela sede, nem alguém tomado pela exaustão, nem alguém atormentado pelo desejo, nem um homem irado, nem um ladrão.

68. Mulheres deveriam fornecer evidências para mulheres, e para homens nascidos duas vezes, os homens nascidos duas vezes (da) mesma estirpe, *sudras* virtuosos para *sudras*, e homens das castas mais inferiores para os mais inferiores.

69. Mas qualquer pessoa que tem conhecimento pessoal (de um ato cometido) nos aposentos internos (de uma casa), ou em uma floresta, ou de (um crime que causou) a perda de uma vida, pode fornecer evidências entre as partes.

70. Na falta (de testemunhas qualificadas, evidências) podem ser fornecidas (em tais casos) por uma mulher, por uma criança, por um idoso, por um discípulo, por um parente, por um escravo ou por um servo contratado.

71. Mas o (juiz) deveria considerar a evidência fornecida por crianças, idosos e homens enfermos, que (tendem) a emitir falsidades, como não confiável, do mesmo modo que a evidência de homens com perturbações mentais.

72. Em todos os casos de violência, de furto e adultério, de difamação e agressão, ele não deve examinar (com excessivo rigor) a (competência das) testemunhas.

73. Quando ocorrer um conflito entre as testemunhas, o rei aceitará (como verdadeira) a (evidência da) maioria; se (as partes em conflito forem) numericamente iguais, (aquela das) testemunhas que se distinguem pelas boas qualidades; no caso de uma diferença entre (testemunhas) que se distinguem (igualmente), (aquela) evidência dos melhores entre os nascidos duas vezes.

74. A evidência de acordo com o que realmente foi visto ou ouvido, é admissível; uma testemunha que diz a verdade nesses (casos), não perde nem mérito espiritual nem riqueza.

75. Uma testemunha que depõe em uma assembleia de homens honrados (arianos)* qualquer coisa que vai além do que viu ou ouviu, depois da morte cai de ponta-cabeça no inferno e perde o céu.

76. Quando um homem (originalmente) não apontado para ser uma testemunha vê ou ouve qualquer coisa e é (mais tarde) [convocado] e interrogado a respeito disso, deverá declarar (exatamente) o que viu ou ouviu.

77. Um homem que não é imbuído de avidez é (aceitável como) testemunha; mas nem mesmo muitas mulheres puras, porque o entendimento das mulheres tende a oscilar e, tampouco, mesmo muitos outros homens *maculados pelo pecado*.[21]

78. Nos julgamentos deve ser aceito o que as testemunhas declaram com total naturalidade; (testemunhos) que sejam distintos disso, que são dados por elas de maneira imprópria, nada valem para (os propósitos da) justiça.

79. Estando as testemunhas reunidas no tribunal na presença do demandante e do réu, que o juiz as examine, gentilmente as exortando do seguinte modo:

80. "O que sabeis ter sido mutuamente negociado nesta matéria entre as duas pessoas diante de nós, declarai-o integralmente de acordo com a verdade, pois sois testemunhas nesta (causa).

---

*. Do sânscrito *arya*, que significa nobre. Esses povos integram um grupo etnolinguístico e vivem, predominantemente, no Sul da Ásia. (N.E.)

21. ...*tainted with sin*...: o sentido geral é de uma ação condenável do ponto de vista da religião ou da moral e esses domínios não apresentam, como já sugerimos, uma fronteira nítida em relação ao domínio do direito e da justiça. O Estado laico, na sua acepção estrita, não existiu nas civilizações antigas e nem nas medievais. Mas provavelmente o sentido aqui é restrito, ou seja, aqueles homens que cometeram crime de sangue, homicídio. (N.T.)

81. "Uma testemunha que diz a verdade no seu depoimento [fornecendo uma evidência], alcança (depois da morte) as mais esplêndidas regiões (da felicidade) e aqui (abaixo) um prestígio insuperável; tal depoimento é honrado pelo (próprio) Brahma.

82. "Aquele que presta falso testemunho é firmemente preso nos grilhões de Varuna[22], nos quais se mantém impotente por cem existências; que os (homens, portanto,) prestem testemunhos verdadeiros.

83. "A testemunha, por meio da verdade, é purificada e tem seu mérito aumentado; portanto, a verdade deve ser pronunciada por testemunhas de todas as castas (*varna*).

84. "A própria alma é a testemunha da alma e a alma é o refúgio da alma. Não desprezes tua própria alma, a testemunha suprema dos homens.

85. "Realmente os maus dizem em seus corações: 'Ninguém nos vê', mas os deuses os veem distintamente e *o masculino*[23] no interior de seus próprios peitos.

86. "O céu, a terra, as águas, (o *masculino* no) coração, a lua, o sol, o fogo, Yama[24] e o vento, a noite, os dois crepúsculos e a justiça conhecem a conduta de todos os seres corpóreos."

87. O (juiz), tendo sido purificado, indagará na manhã as (testemunhas) duas vezes nascidas que (também foram) purificadas, (e ficarão) voltadas para o norte ou o leste, para oferecerem evidências verdadeiras na presença de (imagens dos) deuses e dos brâmanes.

88. Que ele examine um brâmane (começando por) "Fala", um *kshatriya* (começando por) "Fala a verdade" um *vaisya* (o adver-

---

22. Um dos principais deuses do panteão hindu. Aparece regularmente nos Vedas e é geralmente classificado como uma divindade celestial e cósmica, mas vinculada também às ações humanas no plano moral. (N.T.)
23. ...*the male*...: o espírito, a alma (psiquê), em sânscrito *purusa* (*purusha*). (N.T.)
24. O deus que ministra punições e recompensas ligado à reencarnação e ao *karma*. (N.T.)

tindo) (mencionando) suas vacas, seus cereais e seu ouro, um *sudra* (ameaçando-o) com (a culpa de) todo crime que causa perda de casta;

89. (Dizendo) "Quaisquer lugares (de tormento) que são fixados (pelos sábios) ao matador de um brâmane, ao assassino de mulheres e crianças, àquele que trai um amigo e a um homem ingrato serão o teu (lote) se dares falso testemunho.

90. "(A recompensa) de todas as ações meritórias que tu, bom homem, praticaste desde teu nascimento, se tornará a porção dos cães se em teu discurso te afastares da verdade.

91. "Se pensas, amigo da verdade, com respeito por ti mesmo, 'Estou sozinho', (saibas que) aquele sábio que testemunha todos os atos virtuosos e todos os crimes reside sempre em teu coração.

92. "Se não estás em desacordo com aquele divino Yama, o filho de Vivasvat[25], que habita teu coração, não precisas nem visitar o Ganges nem a (terra dos) Kurus.

93. "Nu e espoliado, atormentado pela fome e a sede e privado da visão, o homem que dá falso testemunho irá munido de um pedaço de louça quebrada implorar comida na porta de seu inimigo.

94. "O homem pecador que, ao ser interrogado em uma sindicância judicial, responde falsamente uma pergunta, cairá no inferno de ponta-cabeça e na completa escuridão.

95. "O homem que em uma corte (de justiça) faz um relato falso de uma transação, (ou afirma um fato) do qual não foi uma testemunha ocular, assemelha-se a um cego que engole peixe com as espinhas.

96. "Os deuses não conhecem homem melhor neste mundo do que aquele cuja alma consciente merece total confiança quando ele presta testemunho.

---

25. Uma divindade solar. (N.T.)

97. "Aprende agora, amigo, a partir de uma enumeração na devida ordem, quantos parentes destrói aquele que presta falso testemunho em vários casos particulares.

98. "*Extermina*[26] cinco parentes por falso testemunho relativo a gado (miúdo), extermina dez por falso testemunho relativo a gado graúdo [vacas e bois], extermina cem por falso testemunho relativo a cavalos, e mil por falso testemunho relativo a seres humanos.

99. "Aquele que presta falso testemunho em uma causa que envolve ouro produz a morte de nascidos e não nascidos;[27] prestando falso testemunho em uma causa que envolve a terra, a pessoa extermina tudo. Portanto, cuida para não prestar falso testemunho em causas relativas à terra.

100. "O (falso testemunho) que envolve a água, aquele que envolve o prazer sexual obtido das mulheres e aquele que diz respeito a todas as gemas, quer *produzidas na água*,[28] quer constituídas de pedras, é declarado (como sendo) tão (mau) quanto uma falsidade [perjúrio] relativa à terra.

101. "Prestando toda a atenção em todos os males (produzidos) pelo perjúrio, declara abertamente tudo como (tu o) ouviste ou viste."

102. Brâmanes que cuidam de gado, que realizam comércio, que são mecânicos, atores (ou cantores), que executam trabalho servil, ou usurários, o (juiz) os tratará como *sudras*.

103. Em (alguns) casos, um homem que, embora sabendo que (os fatos são) diferentes, presta um tal (testemunho falso) com base em

---

26. ...*He kills*..., mas o sentido, segundo outros eruditos, não é literal, a conotação sendo aqui religiosa, envolvendo a queda no inferno, ou o processo reencarnatório e o *karma*. Outros entendem esse "matar, exterminar" como "incorrer em uma culpa tão grave *como se ele os tivesse matado*". Semelhantemente a outras passagens de As Leis de Manu, as expressões do original dão margem a interpretações diversas. (N.T.)

27. Mais uma vez, a conotação religiosa do hinduísmo. (N.T.)

28. ...*produced in water*,... Bühler esclarece: "pérolas, corais etc.". (N.T.)

um motivo piedoso, não perde o céu; chamam esse (testemunho) de palavra dos deuses.

104. Sempre que a morte de um sudra, de um vaisya, de um kshatriya, ou de um brâmane for (causada) por uma declaração da verdade, permite-se que uma falsidade seja pronunciada, pois tal (falsidade) é preferível à verdade.

105. Tais (testemunhas) [que pronunciam essa falsidade] devem oferecer oblações de arroz cozido (karu) a Sarasvatî[29], que são sagradas para a deusa do discurso, realizando (assim) a melhor penitência que visa a expiar a culpa daquela falsidade.

106. Ou tal (testemunha) pode oferecer, em conformidade com a regra, manteiga clarificada no fogo, recitando os textos Kushmanda, ou o Rik, que é sagrado para Varuna: "Desata, ó Varuna, o mais alto dos grilhões", ou os três versos dirigidos às Águas.

107. Um homem que, sem estar doente, não fornece evidências em (casos de) empréstimos e similares dentro de três quinzenas (depois de ser intimado), se tornará responsável pelo total da dívida e (pagará) uma décima parte do total (como uma multa ao rei).

108. A testemunha a quem acontecer, no período de sete dias após ter prestado testemunho, (uma desgraça causada por) doença, um incêndio ou a morte de um parente, será obrigada a pagar a dívida e uma multa.

109. Se duas (partes) disputam em torno de matérias para as quais não há testemunhas disponíveis, e o (juiz) é incapaz de apurar realmente a verdade, a ele é permitido descobri-la mesmo por um juramento.

110. Tanto pelos grandes sábios quanto pelos deuses juramentos têm sido feitos visando (decidir) matérias (duvidosas); e Vasishtha chegou a jurar diante do rei (Sudâs), o filho de Pigavana.

---

29. Deusa vinculada à palavra e à eloquência, semelhante ao Hermes grego ou o Mercúrio romano. (N.T.)

111. Que nenhum sábio jure em falso, até em um assunto insignificante, pois aquele que jura em falso está perdido neste (mundo) e depois da morte.

112. Nenhum crime que causa perda de casta é cometido por juramento (falso) dirigido a mulheres, aos objetos dos próprios desejos, nos casamentos, para obter forragem para uma vaca, ou combustível, e (visando a) prestar favorecimento a um brâmane.

113. Que o (juiz) faça um brâmane jurar por sua veracidade, um *kshatriya* por sua biga ou pelo animal no qual cavalga e por suas armas, um *vaisya* por seu gado, seus cereais e seu ouro, e um *sudra* (rogando para sua própria cabeça a culpa) de todas as ofensas aflitivas (*pâtaka*).

114. Ou o (juiz) pode fazer a (parte) submeter-se ao fogo ou mergulhar na água, ou tocar separadamente as cabeças de suas esposas e filhos.

115. Aquele que a chama não queima, que a água não força a emergir (rapidamente), que não é atingido por uma pronta desgraça, deve ser declarado inocente (por força de) seu juramento.

116. Pois antes, quando Vatsa[30] foi acusado por seu irmão mais novo, o fogo, o espião do mundo, não queimou sequer um cabelo (de sua cabeça) devido à sua veracidade.

117. Sempre que o falso testemunho tiver sido prestado em qualquer processo, que o (juiz) detenha o julgamento e tudo que tiver sido feito deve ser (considerado como) não feito.

118. São declarados inválidos testemunhos fornecendo evidências (motivadas) por cobiça, prestados distraidamente, sob medo intenso, motivados por amizade, desejo sexual, ira, ignorância e infantilidade.

---

30. Nome de um rei. (N.T.)

119. Apresentarei na (devida) ordem as punições particulares para quem presta falso testemunho com base em qualquer um desses motivos.

120. (Aquele que comete perjúrio) por cobiça será multado em mil (*panas*); (aquele que o comete) por falta de atenção [distração] na multa de valor mais baixo; (se o motivo) for o medo, será uma multa média repetida duas vezes; (se comete o perjúrio) devido a uma amizade, a multa será de quatro vezes o valor da (multa) mais baixa.

121. (Quem comete o perjúrio) devido ao desejo sexual (pagará) dez vezes o valor da multa mais baixa, mas (quem o comete) motivado pela ira [pagará] três vezes a próxima (ou segunda multa); (aquele que o comete) por ignorância, duzentos [*panas*] completos, mas (aquele que o comete) por infantilidade, cem (*panas*).

122. Foi declarado que os sábios prescreveram essas multas por perjúrio a fim de evitar uma falha da justiça, e a fim de conter a injustiça.

123. Mas um rei justo multará e banirá (homens das) três castas (*varna*) (inferiores) que tenham prestado falso testemunho; mas, quanto ao brâmane, ele (apenas) o banirá.

124. Manu,[31] o filho *daquele que existe por si mesmo* (*Svayambhu*), nomeou dez locais nos quais a punição pode ser (aplicada) no caso das três castas (*varna*) (inferiores); um brâmane, porém, partirá incólume (do país).

125. (Esses locais são) os órgãos genitais, o ventre, a língua, as duas mãos e, em quinto lugar, os dois pés, o olho, o nariz, as duas orelhas e, igualmente, o corpo (todo).

---

31. Aqui evidentemente o legislador, mas Manu é uma figura mítica complexa: santo, sábio, rei, literato, criador dos seres humanos e seu veículo e intermediário com o Criador do universo (Brahma); assemelha-se tanto ao Thoth egípcio e ao Hermes grego quanto ao titã Prometeu da mitologia grega. (N.T.)

126. Que o (rei), tendo apurado plenamente o motivo, o tempo e o lugar (da ofensa), e tendo considerado a capacidade (do criminoso de sofrer) e a (natureza do) crime, faça a punição cair sobre aqueles que a merecem.

127. A punição injusta destrói a reputação entre os homens e a glória (depois da morte), causando, inclusive, a perda do céu no próximo mundo; que o rei, portanto, tome cuidado para não a (infligir).

128. Um rei que pune aqueles que não merecem a punição e não pune os que a merecem atrai uma grande infâmia para si mesmo e (depois da morte) precipita-se no inferno.

129. Que ele puna primeiramente mediante uma (gentil) advertência, depois mediante uma (dura) reprovação, em terceiro lugar por meio de uma multa, depois do que pelo castigo corporal.

130. Quando, entretanto, não lhe for possível controlar tais (ofensores) mesmo por meio de castigo físico, que, então, lhes aplique até as quatro (formas de punição conjuntamente).

131. Aqueles nomes técnicos de (certas quantidades de) cobre, prata e ouro que são geralmente usados neste mundo visando às transações humanas, serão por mim declarados na sua totalidade.

132. A diminuta partícula de pó visível quando o sol brilha através de uma gelosia, é declarada como (sendo) a menor de (todas) as quantidades e (é chamada de) um *trasarenu* (uma partícula flutuante de pó).

133. Saibas (que) oito *trasarenus* (são iguais) em volume (a) um *likshâ* (o ovo de um piolho), três *trasarenus* a um grão de mostarda preta (*râgasarshapa*), e três desses últimos a um grão de mostarda branca.

134. Seis grãos de mostarda branca equivalem a um grão de cevada de tamanho médio, e três grãos de cevada a um *krishnala* (*raktikâ*, ou grão-*guñga*)³². Cinco *krishnalas* equivalem a um *mâsha*³³ (feijão) e dezesseis *mâshas* a um *suvarna*³⁴.

135. Quatro *suvarnas* equivalem a um *pala* e dez *palas* a um *dharana*; dois *krishnalas* (de prata), pesados em conjunto, devem ser considerados um *mâshaka* de prata.

136. Dezesseis *mâshakas* constituem um *dharana* de prata, ou *purâna*; mas convém saber (que) um *karsha*³⁵ de cobre é um *kârshâpana*, ou *pana*.

137. Saiba (que) dez *dharanas* de prata produzem um *satamâna*; quatro *suvarnas* devem ser considerados (iguais) em peso a um *nishka*.

138. É declarado que duzentos e cinquenta *panas* (são) a primeira (ou mais baixa) das multas, quinhentas a média, mas mil a mais alta.

139. Uma dívida tendo sido reconhecida como devida, o (réu) pagará 5% (como multa); se não reconhecida (e comprovada), o dobro disso. Esse é o ensinamento de Manu.

140. Um prestamista pode estipular um aumento de seu capital, no que diz respeito ao juro, permitido por *Vasishtha*, e tomar mensalmente 8%.

141. Ou, lembrando o dever de homens bons, pode tomar 2% (mensalmente), pois aquele que toma 2% não se torna alguém que peca perseguindo o lucro.

142. Apenas 2%, 3%, 4% e 5% (e não mais) lhe é permitido tomar como juro mensal, de acordo com a ordem das castas (*varna*).

---

32. O *krishnala* ou raktikâ é um fio vermelho-escuro, produzido por um arbusto, que serve como unidade mínima de peso. Bühler, no fim do século XIX, informa que "era ainda usado por joalheiros e ourives". (N.T.)

33. Cerca de 730 miligramas.

34. Aproximadamente 12 gramas. (N.T.)

35. Bühler nos auxilia com uma correspondência precisa: "1 *karsha* = 16 *mâshas* = 80 *krishnalas*". (N.T.)

143. Mas se uma garantia beneficiária (isto é, uma garantia que resulta em lucro, foi dada), ele não receberá nenhum juro pelo empréstimo; nem pode, após conservar (essa) garantia por um período muito longo, dá-la ou vendê-la.

144. Uma garantia [penhor] (somente para conservação) não deve ser usada mediante força, devendo (o credor), ao se servir dela, abrir mão de (todo) juro, ou (se ela foi deteriorada pelo uso), ele satisfará o (proprietário) (pagando o seu) preço original; caso contrário, estará cometendo um furto da garantia.

145. Nem uma garantia nem um depósito podem ser perdidos pelo transcorrer do tempo;[36] ambos são recuperáveis, ainda que tenham permanecido por muito tempo (com o depositário).

146. Coisas usadas mediante assentimento amigável, uma vaca, um camelo, um cavalo de montaria, e (um animal) cuja propriedade é transferida legalmente para ser domado, nunca estão perdidas (para o dono).

147. (Mas em geral) quaisquer (bens móveis) cuja fruição por outros durante dez anos é observada pelo dono, mas este, embora presente, não se manifesta a respeito, esses (bens móveis) não serão recuperados por ele.

148. Se (o dono não é) nem um idiota nem um menor e se (seus bens móveis) são fruídos (por outra pessoa) diante de seus olhos, tais bens estão legalmente perdidos para ele; o possuidor que goza desses bens reterá a propriedade deles.

149. Uma garantia, uma fronteira, a propriedade de bebês, um depósito (aberto), um depósito selado, mulheres, a propriedade do rei e a riqueza de um *srotriya*[37], não estão perdidos em consequência de um usufruto (adverso).

---

36. Ou seja, prescrever, caducar. (N.T.)
37. Ver nota 19. (N.T.)

150. O tolo que usa uma garantia sem a permissão do proprietário perdoará a metade de seus juros a título de compensação por (tal) uso.

151. Em transações em dinheiro, o juro pago de uma vez (não em prestações) jamais excederá o dobro (do principal); no caso de grãos, frutos, lã ou pelos, (e) animais de carga, não pode exceder cinco vezes (a quantia original).

152. O juro estipulado que vai além da taxa legal, uma vez que contraria (a lei), não pode ser recuperado; é considerado uma forma usurária de (fazer empréstimo); (aquele que faz o empréstimo) não tem direito (em nenhum caso) de (mais de) 5%.

153. Que ele não cobre juro que ultrapasse o ano, nem o que não é aprovado, nem juro composto, juro periódico, juro estipulado e *juro corpóreo*[38].

154. Aquele que, incapaz de pagar uma dívida (na data estabelecida), quiser efetuar um novo contrato, pode renovar o acordo depois de pagar o devido juro.

155. Se não puder pagar a quantia (devida como juro), é-lhe permitido introduzi-la no (acordo) que foi renovado; ele terá que pagar o volume de juro que possa vir a ser devido.

156. Aquele que fez um contrato para transportar mercadorias em um veículo com rodas para ser remunerado em dinheiro e concordou [em entregá-las] em um certo lugar ou certo prazo, não receberá seu pagamento, se não o fizer no lugar e prazo (estipulados).

157. Independentemente da taxa fixada pelas pessoas, aqueles que são peritos em viagens marítimas e capazes de calcular (o lucro) conforme o lugar, o prazo e os objetos (transportados), (con-

---

38. ...*corporal interest*: Bühler fornece uma explicação: "[juro] a ser pago mediante trabalho físico ou mediante o uso do corpo de um animal ou escravo dado em garantia". (N.T.)

tam com o amparo legal), em tais casos, no que diz respeito ao pagamento (a ser feito).

158. Aquele que neste (mundo) se torna fiador do comparecimento de um (devedor), e não o faz aparecer, pagará a dívida com os seus próprios bens.

159. Mas o dinheiro devido por um fiador, ou prometido sem real intenção, ou perdido no jogo, ou devido por bebidas alcoólicas, ou o que permanece não pago de uma multa, e de um imposto ou taxa, o filho (da parte devedora) não estará obrigado a pagar.

160. Essa regra que acabamos de mencionar será aplicável (somente) no caso de um fiador de comparecimento [de um devedor]; se um fiador de um pagamento morrer, o (juiz) pode obrigar mesmo seus herdeiros a pagar a dívida.

161. Com base em que, então, pode o credor, após a morte de um fiador que não seja de pagamento e cujos negócios são totalmente conhecidos, (em certos casos) reclamar, posteriormente, a dívida (dos herdeiros)?

162. Se o fiador tinha recebido dinheiro (daquele a quem deu fiança) e tinha dinheiro suficiente (para pagar), então (seu herdeiro) que o recebeu pagará (a dívida) com seus próprios bens. Esta é a regra estabelecida.

163. É inválido um contrato feito por uma pessoa embriagada, ou insana, ou gravemente afetada (por uma doença etc.), ou completamente dependente, por um menor ou pessoa muito idosa, ou por uma (parte) não autorizada.

164. O acordo que tiver sido feito contrariamente à lei ou ao costume estabelecido (das pessoas virtuosas) não pode ter força legal, ainda que seja estabelecido (por provas).

165. Uma hipoteca ou venda fraudulenta, uma doação ou aceitação fraudulenta e (qualquer transação) na qual o juiz detecte fraude, (ele) declarará sem efeito.

166. Se o devedor estiver morto e (o dinheiro emprestado) foi gasto para a família, deverá ser pago pelos parentes a partir de seus próprios bens, mesmo que estejam divididos.

167. Caso aconteça de mesmo uma pessoa inteiramente dependente firmar um contrato no interesse da família, o senhor (da casa), quer (viva) em seu próprio país ou no estrangeiro, não o rescindirá.

168. O que foi dado à força, o que é fruído à força, inclusive o que foi feito ser escrito à força, e todas as demais transações feitas à força, Manu as declarou sem efeito.

169. Há três tipos de pessoas que sofrem em favor de outras: testemunhas, o fiador e os juízes; mas há quatro que se enriquecem (através dos outros): um brâmane, um prestamista, um mercador e um rei.

170. Nenhum rei, ainda que pobre, tomará algo que não deve ser tomado, nem se negará a tomar, ainda que rico, o que deve tomar, embora seja isso sempre tão insignificante.

171. A consequência do rei tomar o que não deve ser tomado ou se recusar a receber o que deve ser recebido, é ser ele acusado de fraqueza e perecer neste (mundo) e depois da morte.

172. Tomando o que lhe é devido, evitando a confusão das castas (*varna*) e protegendo os fracos, o rei aumenta seu poder e prospera neste (mundo) e depois da morte.

173. Que o príncipe, portanto, como Yama, não dando atenção ao que ele próprio gosta ou não gosta, comporte-se exatamente como Yama, afastando sua cólera e controlando a si mesmo.

174. Mas aquele rei mal-intencionado que, em sua loucura, decide as causas injustamente será logo subjugado por seus inimigos.

175. Se, dominando o amor e o ódio, ele decide as causas de acordo com a lei, (os corações de) seus súditos se voltarão para ele como os rios (correm) para o oceano.

176. (O devedor) que se queixa ao rei de que seu credor recupera (o débito) independentemente (da corte), será obrigado pelo rei a pagar (a título de uma multa) um quarto (da soma) e ao seu (credor) o dinheiro (que deve).

177. Mesmo mediante a prestação de trabalho (pessoal), o devedor compensará (o que deve) ao credor, seja este da mesma casta ou de uma inferior; mas um (devedor) de uma casta superior o pagará gradualmente (por ocasião de obter algum ganho).

178. Em conformidade com essas regras, que o rei decida equitativamente entre os homens que disputam entre si as matérias que contam com provas de testemunhas e (outras) evidências.

179. O homem sensato deveria fazer um depósito (somente) com uma pessoa de (boa) família, de boa conduta, que tem bom conhecimento da lei, que acata a verdade, que tem muitos parentes, rica e honrada (*ârya*).

180. Não importa de que maneira uma pessoa faz um depósito de algo nas mãos de uma outra, de idêntica maneira deve o mesmo objeto ser recebido de volta (pelo dono); tal como (foi) a entrega, (deverá ser) a devolução.

181. Aquele que não restitui seu depósito ao depositante quando este o solicita, pode ser julgado pelo juiz na ausência do depositante.

182. Na falta de testemunhas, que o (juiz) realmente faça um depósito de ouro junto ao (réu) sob um pretexto ou outro, por meio de espiões de idade e aparência adequadas (e depois o exija de volta).

183. Se o (réu) o restitui da maneira e no aspecto no qual foi afiançado, nada há (que tenha essa descrição) em suas mãos pelo que outros o possam acusar.

184. Mas se não restitui aquele ouro, como deve, àqueles (espiões), será forçado a restituir ambos (os depósitos). Trata-se de uma regra estabelecida pela lei.

185. Um depósito aberto ou selado nunca deve ser devolvido a um parente próximo (do depositante durante a existência deste), pois se (o receptor) morrer (sem entregar um ou outro dos depósitos), estes estarão perdidos, porém se ele não morrer, não estarão perdidos.

186. Todavia, (um depositário) que, por sua própria iniciativa, os devolve a um parente próximo de um (depositante) falecido não deve (no tocante a eles) ser assediado pelo rei ou pelos parentes do depositante.

187. E (em casos duvidosos) ele[39] deveria tentar obter o objeto [em pauta] por meios amigáveis, sem (recorrer) a artifícios ou investigar a conduta do (depositário); deveria dirimir (a questão) por meios brandos.

188. Tal é a regra para ter de volta todos aqueles depósitos abertos; no caso de um depósito selado, (o depositário) não incorrerá em nenhuma censura, a não ser que tenha subtraído alguma coisa.

189. (Um depósito) que foi furtado por ladrões, ou levado pela água, ou destruído pelo fogo, não será compensado pelo depositário, a não ser que tenha pegado parte dele (para si mesmo).

190. Aquele que se apropria de um depósito e aquele (que o solicita) sem tê-lo feito, (o juiz) julgará empregando todos os (tipos de) meios, e os juramentos indicados no Veda.

191. Aquele que não restitui um depósito e aquele que reclama o que nunca afiançou serão, ambos, punidos como ladrões, ou obrigados a pagar uma multa de valor igual (à do objeto retido ou reclamado).

192. O rei deveria obrigar aquele que não restitui um depósito aberto e, igualmente, aquele que retém um depósito selado, a pagar uma multa igual (ao seu valor).

---

39. Ou seja, o depositante. (N.T.)

193. O homem que sob falsos pretextos possa vir a possuir, ele próprio, uma propriedade alheia será punido publicamente por meio de vários (modos de) castigo físico (*ou capital*)[40], juntamente a seus cúmplices.

194. Se um depósito de um tipo ou quantidade em particular é afiançado por qualquer pessoa na presença de muitas (testemunhas), ele deve ser reconhecido como sendo daquele (tipo e quantidade) particulares; o (depositário) que prestar uma falsa declaração (com respeito a ele) é passível de uma multa.

195. Mas se qualquer coisa é entregue ou recebida privadamente, deve ser devolvida privadamente; tal como (foi) a entrega do depósito, (também deveria ser) sua devolução.

196. Assim, que o rei decida (as causas) relativas a um depósito e a um empréstimo amigável (para uso) sem mostrar um rigor (indevido) com o depositário.

197. Se qualquer pessoa vende a propriedade alheia, sem ser o proprietário e sem o assentimento do proprietário, o (juiz) não o admitirá, visto que é um ladrão, como testemunha (em nenhum caso), ainda que este possa não considerar a si mesmo um ladrão.

198. Se o (ofensor) for um parente (do proprietário), será multado em seiscentos *panas*; se não o for, nem tiver como justificar o seu ato, será culpado de furto.

199. Uma doação ou venda feita por qualquer pessoa exceto o dono [do objeto da doação ou da venda], deve ser considerada sem efeito, de acordo com a regra nos processos judiciais.

200. No caso em que a posse é evidente, mas não é reconhecido nenhum direito de posse, o documento de direito de posse

---

40. ...*or capital*..., isto é, a pena de morte. (N.T.)

(será) uma prova (de propriedade), não de posse. Tal é a regra estabelecida.

201. Aquele que obtém um bem móvel no mercado diante de muitas (testemunhas), adquire esse bem móvel acompanhado de um claro direito legal mediante a compra.

202. Se o (vendedor) original não pode ser localizado, (o comprador), contando com a justificativa de uma venda pública, deve ser dispensado pelo rei sem qualquer punição; mas (o proprietário anterior [daquele bem]) que o perdeu, o receberá (de volta do comprador).

203. Uma *mercadoria*[41] misturada com uma outra não deve ser vendida (como pura), nem uma de má qualidade (como boa), nem uma em (quantidade ou peso) inferior ao (correto), nem algo que não está disponível ou que está oculto.

204. Se, depois que uma donzela foi exibida, uma outra é dada ao noivo, a ele é permitido casar com as duas *pelo mesmo preço*:[42] é o ordenado por Manu.

205. Aquele que dá (uma donzela em casamento), tendo em primeiro lugar declarado abertamente os defeitos dela, se é louca, ou leprosa, ou perdeu sua virgindade, não é passível de punição.

206. Se um sacerdote oficiante escolhido para realizar um sacrifício abandona sua tarefa, somente uma parcela (do pagamento) proporcional ao trabalho (feito) lhe será dada por aqueles que trabalham com ele.

207. Mas aquele que abandonar sua tarefa depois que o pagamento do sacrifício foi feito, receberá sua parcela na totalidade e

---

41. ...*commodity*..., presumivelmente um produto agrícola comestível, como cereais ou azeite. (N.T.)
42. ...*for the same price*...: as moças (esposas) eram compradas. (N.T.)

fará com que (o que resta [do trabalho]) seja realizado por um outro (sacerdote).

208. Mas se pagamentos (específicos) são determinados para as várias partes de um ritual, aquele (que realiza a parte) os receberá, ou todos *eles*[43] compartilharão dos pagamentos?

209. O sacerdote Adhvaryu tomará a biga; e o Brahman, no acendimento dos fogos (Agnyâdhâna), um cavalo; o sacerdote Hotri também tomará um cavalo; e o Udgâtri a carreta (usada) quando (o Soma[44]) é adquirido.[45]

210. Os (quatro) principais sacerdotes entre todos (os dezesseis), que têm o direito de uma metade, receberão uma metade (do pagamento), os (quatro) seguintes uma metade disso, o grupo com direito a uma terceira parcela, um terço, e aqueles com direito a uma quarta, um quarto [do pagamento].

211. Pela aplicação desses princípios, a distribuição das parcelas deve ser feita entre esses homens que aqui (abaixo) executam seu trabalho em equipe.

212. Caso dinheiro seja dado (ou prometido) por um homem, com um propósito piedoso, a outro homem que o pede, a doação não terá efeito se o (dinheiro não for) posteriormente (empregado) da maneira (preestabelecida).

213. Entretanto, se o (recebedor), por orgulho ou ganância, tentar impor (o cumprimento da promessa), o rei o obrigará a pagar um *suvarna*, a título de reparação por sua [tentativa de] furto.

---

43. ...*they*..., presume-se: os vários sacerdotes. (N.T.)
44. A referência aqui deve ser à bebida embriagante, admitida por deuses e homens, feita da *Asclepias acida*, planta do norte da Índia. *Soma* (sânscrito) significa genericamente suco. (N.T.)
45. São mencionados aqui quatro classes de sacerdotes que se incumbem dos sacrifícios. (N.T.)

214. Assim, a subtração legal de uma doação foi completamente explicada. Apresentarei, na sequência, (a lei relativa ao) não pagamento de salários.

215. Um (servo ou trabalhador) contratado que, não estando doente, por orgulho deixa de executar seu trabalho de acordo com o contrato, será multado em oito *krishnalas* e não receberá nenhum salário.

216. Se, porém, (estiver realmente) doente, (e) depois de se recuperar executar (seu trabalho) conforme o acordo original, receberá seus salários, mesmo que seja depois de muitíssimo tempo.

217. Mas se ele, doente ou sadio, não (executa) seu trabalho, nem providencia para que (outros) o executem, de acordo com seu contrato, não receberá os salários relativos a esse trabalho, mesmo que o tenha executado quase por completo.

218. Assim, foi indicada completamente a lei referente ao não pagamento de salários. Explicarei, a seguir, a lei que diz respeito a pessoas que rompem um acordo.

219. Se um homem pertencente a uma corporação e que habita um povoado ou um distrito, após jurar cumprir um acordo, o rompe motivado por avareza, (o rei) o banirá de seu reino,

220. E no caso de ter aprisionado aquele que rompeu um acordo, ele o obrigará a pagar seis *nishkas*, (cada uma de) quatro *suvarna*s, e uma *satamâna* de prata.

221. Um rei justo aplicará aos que rompem acordos essa lei referente a multas nos povoados e castas (*gâti*).

222. Se qualquer pessoa neste (mundo), depois de comprar ou vender algo, arrepende-se (do negócio que fez), terá dez dias para devolver ou ter (de volta) o bem móvel envolvido no negócio.

223. Mas depois do (período de) dez dias, não lhe será permitido proceder à devolução ou à recuperação do bem em pauta; tanto aquele que toma (de volta) quanto aquele que dá (de volta, a não ser por [mútuo] consentimento) serão multados pelo rei em seiscentos (*panas*).

224. Mas o próprio rei imporá uma multa de noventa e seis *panas* àquele que fornece uma donzela deficiente (a um pretendente) sem informá-lo (do defeito).

225. Entretanto, aquele que, visando prejudicar alguém, declara em relação a uma donzela: "Ela não é uma donzela", será multado em cem *panas* se não for capaz de provar o defeito dela.

226. Os textos referentes às núpcias se aplicam exclusivamente às virgens, (e) em lugar algum entre homens às mulheres que perderam sua virgindade, uma vez que tais (mulheres) estão excluídas das cerimônias religiosas.

227. Os textos nupciais constituem uma prova certa (de que uma donzela se tornou) uma esposa (legítima), mas os sábios deveriam saber que eles (e a cerimônia do casamento) se completam com o sétimo passo (da noiva em torno do fogo sagrado).

228. Se qualquer pessoa neste (mundo) se arrepende de qualquer transação concluída, (o rei) a manterá no caminho da retidão conforme as regras indicadas acima.

229. Declararei integralmente, de acordo com a verdadeira lei, (as regras que dizem respeito) às disputas (que se originam) das transgressões de donos de gado e de vaqueiros e pastores.

230. Durante o dia, a responsabilidade pela segurança (do gado é do) vaqueiro, ao passo que durante a noite é do dono do gado (desde que o gado esteja) junto à sua casa; (se) assim não for, o vaqueiro será responsável (pelo gado também durante a noite).

231. Um vaqueiro contratado que é pago com leite pode ordenhar, com o consentimento do dono do animal, a melhor (vaca) entre dez; tal será sua remuneração caso nenhum (outro) salário (seja pago).

232. Cabe exclusivamente ao vaqueiro compensar (a perda de um animal) transviado, destruído por vermes, morto por cães ou (que caiu) em um poço, caso não tenha ele pessoalmente se empenhado devidamente (para evitá-lo).

233. Entretanto, o vaqueiro não pagará por (um animal) roubado por ladrões, embora ele tenha soado um alarme, desde que o tenha comunicado ao dono que o contratou no lugar e tempo apropriados.

234. No caso de morte do gado, que ele leve ao seu senhor as orelhas, couro, rabos, bexigas, tendões e a bile amarela endurecida [dos animais mortos] e indique as marcas particulares neles.

235. Mas se bodes e carneiros são cercados por lobos e o pastor não se apressa (em protegê-los), será responsabilizado por qualquer (animal) que um lobo possa atacar e matar.

236. Se, porém, eles são (bem) cuidados, pastam juntos na floresta, e um lobo salta subitamente sobre um deles e o mata, nesse caso o pastor não arcará com nenhuma responsabilidade.

237. Em todos os lados de um povoado, um espaço de cem *dhanus*[46] ou três lances de *samyâ*[47] será reservado (para pasto), e três vezes (tal espaço) ao redor de uma cidade.

238. Se o gado realmente causar dano a colheitas de plantações sem cercas nesse (espaço da comunidade), o rei, nesse caso, não punirá os vaqueiros.

239. (O proprietário do campo) construirá nele uma cerca sobre a qual um camelo não é capaz de olhar, e tapará toda abertura através da qual um cão ou um porco possa introduzir a cabeça.

---

46. Segundo Bühler, a palavra significa literalmente "comprimento de um arco, cerca de 6 pés", ou seja, 183 centímetros (aproximadamente 2 metros). (N.T.)
47. Bühler: "pedaço de madeira curto e grosso". (N.T.)

240. (Se o gado causar dano) em um campo cercado perto de uma estrada ou perto de um povoado, o vaqueiro será multado em cem (*panas*); (mas, gado) que escapa à atenção do vaqueiro será expulso (pelo vigia do campo).

241. (Com referência ao dano) em outros campos, (cada cabeça de) gado pagará (uma multa de) um (*pana*) e um quarto, e em todos (os casos o valor da) colheita (destruída) será compensado a favor do proprietário do campo. Esta é a regra estabelecida.

242. Mas Manu declarou que nenhuma multa será paga relativamente (ao dano causado por) uma vaca no período de dez dias depois de ela dar cria, por touros e gado consagrados aos deuses, contem eles com a atenção de um vaqueiro ou não.

243. Se (as colheitas são destruídas pela) (própria) culpa do agricultor, a multa atingirá dez vezes o valor da parte (do rei); mas essa multa (será) de apenas a metade desse valor se (a culpa for) dos servos, não estando o agricultor a par do que aconteceu.

244. Um rei justo fará com que senhores [proprietários], seu gado, vaqueiros e pastores cumpram essas regras (em todos os casos) de transgressões.

245. Se surgiu uma disputa entre dois povoados envolvendo uma fronteira, o rei estabelecerá os limites no mês de Gyaishtha[48], quando os marcos estão distintamente visíveis ao máximo.

246. Que ele marque as fronteiras (por) árvores, (por exemplo) *Nyagrodhas*, *Asvatthas*, *Kimsukas*, algodoeiros, *Sâlas*, palmeiras e árvores de sumo leitoso.

247. Por meio do agrupamento de arbustos, bambus de tipos diferentes, *Samîs*, plantas rasteiras e montículos, moitas de *Kubgaka*, de modo que a fronteira não será esquecida.

---

48. Bühler: "maio/junho". (N.T.)

248. Tanques, poços, cisternas e fontes deveriam ser construídos onde as fronteiras se encontram, bem como templos.

249. E como ele verá que devido à ignorância humana das fronteiras, violações dos direitos de propriedade ocorrem constantemente no mundo, que ele determine que outros marcos ocultos sejam feitos para as fronteiras,

250. Pedras, ossos, pelos de vaca, debulhos, cinzas, fragmentos de louça, excremento seco de vaca, tijolos, brasas, seixos e areia,

251. E qualquer coisa que seja de tipo semelhante, que a terra não corrói mesmo depois de muito tempo, deveria ele mandar ser enterrada onde uma fronteira se une à (outra).

252. Mediante esses sinais, mediante a posse contínua por longo tempo, e mediante regatos cujas águas fluem constantemente, o rei definirá a fronteira (da terra) que é objeto de disputa de duas partes.

253. Se houver uma dúvida, inclusive, na inspeção dos marcos, a decisão de uma disputa relativa a fronteiras dependerá de testemunhas.

254. As testemunhas (que oferecem evidências) referentes a uma fronteira serão interrogadas a respeito dos marcos na presença de uma multidão de habitantes do povoado, e também naquela dos dois litigantes.

255. Se interrogadas, as testemunhas chegarem a uma decisão unânime, mesmo assim o rei fará o registro (escrito) da fronteira, juntando a ele os nomes das testemunhas.

256. Que elas, colocando terra sobre suas cabeças, usando coroas (de flores vermelhas) e vestindo trajes vermelhos, tendo jurado cada uma pelas (recompensas por) suas ações meritórias, decidam (a fronteira) de acordo com a verdade.

257. Se determinarem (a fronteira) do modo estabelecido, estarão isentas de culpa, (sendo) testemunhas verdadeiras; mas se a determinarem injustamente, serão obrigadas a pagar uma multa de duzentos (*panas*).

258. Na falta de testemunhas (dos dois povoados, homens dos) quatro povoados vizinhos, que sejam isentos de máculas, tomarão (na qualidade de testemunhas) uma decisão relativa à fronteira na presença do rei.

259. Na falta de vizinhos (que sejam) habitantes originais (do país e possam ser) testemunhas com respeito à fronteira, é permitido ao rei ouvir o testemunho até dos seguintes habitantes da floresta:

260. (Viz.) caçadores em geral, caçadores de aves, vaqueiros e pastores, pescadores, cavadores de raízes, apanhadores de cobras, catadores e outros habitantes da floresta.

261. Declarando eles, ao serem interrogados, quais (são) os marcos para o encontro das fronteiras, mesmo assim o rei determinará justamente que sejam fixados entre os dois povoados.

262. A decisão referente aos marcos divisórios de campos, poços, tanques, de jardins e casas, depende (das evidências fornecidas pelos) vizinhos.

263. Caso os vizinhos prestem falso testemunho, falseando evidências em disputas das pessoas envolvendo marcos divisórios, o rei determinará que cada um deles pague a multa mais próxima da média.

264. Aquele que, por intimidação, se apossa de uma casa, tanque, jardim, ou de um campo, será multado em quinhentos (*panas*); (se foi por ignorância que ele violou) a propriedade, a multa (será) de duzentos (*panas*).

265. Se a fronteira não puder ser definida (com base em nenhuma evidência), que um rei justo, ele próprio, com (a intenção de) beneficiar a (todos), loteie (sua) terra (a cada um): esta é a regra estabelecida.

266. Assim, a lei para decidir (disputas) de fronteiras foi inteiramente declarada. Apresentarei a seguir a (maneira de) decidir (casos de) difamação.

267. Um *kshatriyia* que difamou um brâmane será multado em cem (*panas*); um *vaisya* em cento e cinquenta ou duzentos; um *sudra* será submetido a castigo físico.

268. Um brâmane será multado em cinquenta (*panas*) por ter difamado um *kshatriya*; (no caso de) um *vaisya*, a multa será de vinte e cinco (*panas*); (no caso de) um *sudra*, doze.

269. Quanto a ofensas de homens *duas vezes nascidos* contra aqueles de casta (*varna*) idêntica, (a multa será) também de doze (*panas*); quanto a *discursos que não devem ser pronunciados*,[49] essa multa (e toda multa será) o dobro.

270. Um homem *nascido uma vez* (um *sudra*) que insulta grosseiramente um homem *nascido duas vezes* terá sua língua cortada, pois ele é de origem inferior.

271. Se ele mencionar os nomes e castas (*gâti*) dos (nascidos duas vezes) insolentemente, um prego de ferro em brasa do comprimento de dez dedos será introduzido em sua boca.

272. Se ele, de maneira arrogante, ousa ensinar aos brâmanes o dever destes, o rei ordenará que óleo quente seja vertido em sua boca e em seus ouvidos.

273. Aquele que, por arrogância, emite declarações falsas sobre o conhecimento (de um companheiro de casta), sobre seu país, sua casta (*gâti*), ou sobre os ritos pelos quais seu corpo foi santificado, será obrigado a pagar uma multa de duzentos (*panas*).

---

49. ...*speeches which ought not to be uttered*,...: Bühler e outros eruditos explicam: "insinuações contra a honra de parentes femininos de uma outra pessoa, sobretudo mães e irmãs". (N.T.)

274. Aquele que, mesmo diante dos fatos verdadeiros, chama uma outra pessoa (desdenhosamente) de caolho, aleijado ou (nomes) semelhantes, será multado em, no mínimo, um *kârshâpana*.

275. Aquele que difama sua mãe, seu pai, sua esposa, seu irmão, seu filho, ou seu professor, e aquele que não abre caminho para seu preceptor, será obrigado a pagar cem (*panas*).

276. Se um brâmane e um *kshatriya* (se ofenderem mutuamente), um (rei) dotado de discernimento deverá impor uma multa: para o brâmane a multa mais baixa, mas para o *kshatriya*, a mais próxima da média.

277. Um *vaisya* e um *sudra* devem ser punidos exatamente do mesmo modo, de acordo com suas respectivas castas, mas a língua (do *sudra*) não será cortada: é esta a decisão.

278. Assim, foram verdadeiramente declaradas as regras punitivas (aplicáveis aos casos) de difamação. Apresentarei, a seguir, o que é decidido (nos casos) de agressão.

279. O membro, seja qual for, com o qual um indivíduo de uma casta inferior feriu um (indivíduo das três) (castas) mais elevadas, será cortado: este é o ensinamento de Manu.

280. Aquele que ergue sua mão ou um pau [agressivamente], terá sua mão cortada; aquele que, em um acesso de raiva, chuta com o pé, terá seu pé cortado.

281. Um indivíduo de casta inferior que tenta se instalar no mesmo assento com um indivíduo de uma casta elevada, será marcado com ferro quente no quadril e banido, ou (o rei) determinará que sua nádega seja ferida profundamente.

282. Se, movido por arrogância, ele cospe (numa pessoa superior), o rei ordenará que ambos os seus lábios sejam cortados; se urinar (numa pessoa superior), seu pênis será cortado; se expelir gases (contra a pessoa), o corte será de seu ânus.

283. Se ele[50] agarra os cabelos (de um superior), que o (rei) não hesite em cortar suas mãos, e igualmente (se ele agarrar a pessoa superior) pelos pés, pela barba, pelo pescoço, ou pelo escroto.

284. Aquele que rompe a pele (de alguém de igual condição) ou (dele) arranca sangue será multado em cem (*panas*), aquele que corta um músculo em seis *nishkas*, ao passo que aquele que quebra um osso será banido.

285. De acordo com a utilidade dos diversos (tipos de) árvores, uma multa deverá ser cobrada por danificá-las: esta é a regra estabelecida.

286. Se um golpe é desferido contra pessoas ou animais com o objetivo de (causar-lhes) dor, (o juiz) aplicará uma multa proporcional à quantidade de dor (causada).

287. Se um membro é atingido, um ferimento (produzido), ou há derramamento de sangue, (o agressor) será obrigado a pagar (ao agredido) as despesas da cura, ou tudo (tanto a penalidade usual quanto as despesas da cura como uma) multa (ao rei).

288. Quem danificar as mercadorias alheias, de maneira intencional ou não intencional, prestará contas ao (proprietário) e pagará ao rei uma multa de valor correspondente ao (dano).

289. No caso de (danos causados ao) couro, ou a utensílios de couro, de madeira ou de argila, a multa (será de) cinco vezes o valor deles; o mesmo é aplicável no caso de (danos) produzidos em flores, raízes e frutos.

290. Com respeito a uma carruagem, seu condutor e seu proprietário, é declarado (que há) dez casos em que nenhuma punição (por dano causado) pode ser infligida; nos demais casos é aplicada uma multa.

---

50. Ou seja, o indivíduo de casta inferior. (N.T.)

291. Quando a brida é rompida, quando o cambão é quebrado, quando a carruagem desvia lateralmente ou se move para trás, quando o eixo ou uma roda é quebrado,

292. Quando as correias de couro, a corda em torno do pescoço [do cavalo] ou as rédeas são rompidas, e quando (o condutor) exclamou alto "Abram caminho", Manu declarou (que em todos esses casos) nenhuma punição (será infligida).

293. Mas se a carruagem desvia (da estrada) devido à inabilidade do condutor, o proprietário será multado, se (ocorrer dano), em duzentos (*panas*).

294. Se o condutor tem habilidade (mas é negligente), ele arcará sozinho com a multa; se o condutor não tem habilidade (também) os ocupantes da carruagem serão multados, cada um, em cem (*panas*).

295. Mas se o condutor é detido em seu caminho por gado ou por (uma outra) carruagem, e causa a morte de qualquer ser vivo, não há dúvida de que uma multa será imposta.

296. Se uma pessoa for morta, sua culpa será, de imediato, igual (a de) um ladrão; no caso de grandes animais, como vacas, elefantes, camelos ou cavalos, a metade desta.

297. Se ferir gado miúdo, a multa (será) de duzentos (*panas*); a multa relativa a belos animais selvagens, quadrúpedes e aves, chegará a cinquenta (*panas*).

298. No caso de burros, ovinos e caprinos, a multa será de cinco *mâshas*; mas a penalidade por matar um cão ou um porco será de um *mâsha*.

299. Uma esposa, um filho, um escravo, um aluno e um irmão (mais jovem) inteiramente consanguíneo, que tenham cometido faltas, podem ser açoitados com uma corda ou um bambu rachado,

300. Mas (somente) na parte traseira do corpo, nunca em uma *parte nobre*[51]; quem os golpear de outra forma incorrerá na mesma culpa de um ladrão.

301. Assim, foi declarada toda a lei referente à agressão (e lesão). Explicarei agora as regras para decisão (nos casos) de roubo e furto.

302. Que o rei se empenhe maximamente na punição dos ladrões, pois se pune ladrões, sua fama cresce e seu reino prospera.

303. O rei, efetivamente, que garante a segurança (dos seus súditos) é sempre digno de ser honrado; pois a sessão de sacrifício (*sattra*, que ele, por assim dizer, com isso realiza) sempre tem sua extensão aumentada, a segurança (de seus súditos representando) o pagamento sacrificial.

304. Um rei que (devidamente) protege (seus súditos) recebe de cada um e de todos a sexta parte do mérito espiritual deles; se não os protege, também a sexta parte do demérito deles (cairá sobre ele).

305. Seja qual for o (mérito conquistado por um homem pela) leitura dos Vedas, por oferecer sacrifícios, por doações de caridade, (ou por) venerar (*gurus* e deuses), o rei obtém uma sexta parte disso em consequência de proteger devidamente (seu reino).

306. Um rei que protege os seres criados conforme a lei sagrada e atinge aqueles merecedores de castigo físico, oferece diariamente (por assim dizer), sacrifícios nos quais centenas de milhares (são dados como) pagamentos.

307. Um rei que não oferece proteção, e (ainda assim) toma sua parte em espécie, coleta impostos, pedágios e taxas, dádivas diárias e multas, logo mergulhará (depois da morte) no inferno.

308. É declarado que um rei que não oferece nenhuma proteção e, (no entanto) recebe a sexta parte da produção, atrai para si próprio toda a sordidez da totalidade de seu povo.

---

51. ...*noble part*.... Os eruditos esclarecem: "não no peito, ou na cabeça etc.". (N.T.)

309. Saibas que um rei que não atenta para as regras (da lei), que é um ateu e ávido, que não protege (seus súditos, mas) os devora, mergulhará nas profundezas (após a morte).

310. Que ele cuidadosamente contenha os maus por meio de três métodos: aprisionamento, acorrentamento e vários (tipos de) castigos físicos.

311. Com efeito, punindo os maus e favorecendo os virtuosos, os reis são constantemente santificados, tal como os nascidos duas vezes o são mediante sacrifícios.

312. Um rei que deseja o seu próprio bem-estar deve sempre perdoar os litigantes, os menores, os idosos e as pessoas doentes que o injuriam.

313. Aquele que, ao ser insultado por pessoas atormentadas pela dor, (as) perdoa, será, como recompensa por esse (ato), exaltado no céu; mas aquele que, (orgulhoso) de sua condição real, não os perdoa, mergulhará no inferno (por causa disso).

314. Um ladrão, apressando-se para isso, se aproximará do rei e rapidamente confessará o roubo, (acrescentando): "Assim eu fiz, castigai-me";

315. (E ele deverá) carregar em seu ombro um pilão ou um porrete de madeira Khadira, ou uma lança afiada nas duas extremidades, ou um bastão de ferro.

316. Seja ele punido ou perdoado, o ladrão se livrará da (culpa de) furto; mas o rei, caso não inflija punição, atrai para si a culpa do ladrão.

317. O assassino de um brâmane instruído lança sua culpa sobre aquele que come seu alimento, uma esposa adúltera sobre o seu marido (negligente), um aluno (pecador) ou sacrificador sobre seu (negligente) professor (ou sacerdote), um ladrão sobre o rei (que o perdoa).

318. Pessoas, porém, que cometeram crimes e foram punidas pelo rei, vão para o céu, sendo tão puras quanto aquelas que praticaram ações meritórias.

319. Aquele que rouba a corda ou a caçamba de um poço, ou danifica a barraca onde a água é distribuída, pagará um *mâsha* a título de multa e recolocará o (artigo subtraído ou danificado) em seu (próprio lugar).

320. Ao ladrão de mais de dez *kumbhas* de cereais (será aplicado) castigo físico; em outros casos, ele pagará uma multa no valor de onze vezes o que roubou, e pagará ao (proprietário o valor de sua) propriedade.

321. Assim, castigo físico será infligido no caso de roubo de mais de cem (*palas*) de artigos vendidos por peso, (isto é) de ouro, prata etc., e de roupas de máxima qualidade.

322. No caso de (roubo) de mais de cinquenta (*palas*), está promulgado que as mãos (do ladrão) serão cortadas; mas em outros casos, que o rei aplique uma multa correspondente a onze vezes o valor [do objeto roubado].

323. O roubo de homens de famílias nobres e, especialmente, de mulheres, e o roubo de gemas sumamente preciosas acarretam para (o ladrão) castigos corpóreos (ou) a pena (de morte).

324. Para o roubo de animais de grande porte, de armas ou de remédios, que o rei estabeleça uma punição após considerar quando os objetos foram roubados e a finalidade (à qual estavam destinados).

325. Por (roubar) vacas pertencentes a brâmanes, por furar (as narinas de) uma vaca estéril, e por roubar (outro) gado (pertencente a brâmanes, o ladrão) perderá imediatamente a metade de seus pés.

326. (Por roubar) fios, algodão, drogas que produzem fermentação, esterco de vaca, melado, leite azedo, leite fresco, leitelho, água ou grama,

327. Recipientes feitos de bambu ou outros caniços, sal de várias espécies, (vasos) de louça, terra e cinzas,

328. Peixes, aves, óleo, manteiga clarificada, carne, mel e outras coisas que provêm de animais,

329. Ou outras coisas de tipo semelhante, bebidas alcoólicas, arroz cozido e toda espécie de alimento cozido, a multa (será de) duas vezes o valor (do objeto roubado).

330. No caso de flores, milho verde, arbustos, plantas rasteiras, árvores e outros (grãos) sem casca, a multa (será de) cinco *krishnalas*.

331. No caso de grãos com casca, hortaliças, raízes e frutos, a multa (será) de cem (*panas*) se não houver conexão (entre o dono e o ladrão), cinquenta (*panas*) se houver tal conexão.

332. Uma transgressão que corresponde (a essa descrição), a qual é cometida na presença (do dono) e com violência, será um *roubo*[52]; se (cometida) na ausência do dono, será um *furto*[53]; igualmente caso se negue (a posse de) qualquer coisa depois de ter sido ela tomada.

333. Que o rei aplique a primeira (ou mais baixa) das multas àquele que possa roubar (quaisquer dos) itens supracitados, quando estiverem preparados para (uso); que aplique o mesmo a quem possa subtrair um fogo (sagrado) do aposento (em que é mantido).

334. A fim de evitar (uma repetição do crime), (o rei) privará o ladrão que de algum modo cometeu (uma transgressão) contra

---
52. ...*robbery*... ou assalto. (N.T.)
53. ...*theft*.... (N.T.)

as pessoas, de qualquer membro com o qual tenha cometido a transgressão.

335. Um rei não deve deixar impunes nem um pai, nem um professor, nem um amigo, nem uma mãe, nem uma esposa, nem um filho do sexo masculino, nem um sacerdote do país que não cumprem seus deveres.

336. No caso em que uma outra pessoa, uma pessoa comum, é multada em um *kârshâpana*, o rei será multado em mil: esta é a lei estabelecida.

337. Em um (caso de) furto, a culpa de um *sudra* será estimada em oito vezes, a de um *vaisya* em dezesseis vezes, a de um *kshatriya* em trinta e duas vezes.

338. Aquela de um brâmane em sessenta e quatro vezes, ou cem vezes completas, ou (mesmo) duas vezes sessenta e quatro vezes, (cada um deles) conhecendo a natureza da transgressão.

339. Manu declarou como não (sendo) furto (colher) raízes e frutos de árvores, apanhar madeira para um fogo (de sacrifício) e grama para alimentar vacas.

340. Um brâmane que procura obter uma propriedade de um homem que tomou o que não lhe foi dado, quer por prestar sacrifício em favor dele, quer por instruí-lo, assemelha-se a um ladrão.

341. Um homem *nascido duas vezes*, que está viajando e cujas provisões acabaram, não será multado se apanhar duas hastes de cana-de-açúcar ou duas raízes (comestíveis) do campo de um outro homem.

342. Aquele que prende (gado ou outras pessoas) livres ou liberta (gado ou outras pessoas) presas, aquele que se apropria de um escravo, de um cavalo, ou de uma carruagem terá incorrido na culpa de um ladrão.

343. Um rei que pune ladrões de acordo com essas regras, ganhará fama neste mundo e, após a morte, felicidade insuperável.

344. Um rei que deseja conquistar o trono de Indra[54] e uma fama eterna e imperecível, não negligenciará, nem sequer por um momento, em (punir) aquele que comete violência.

345. Aquele que comete violência deve ser considerado o pior dos transgressores, (mais perverso) do que um difamador, do que um ladrão, e do que aquele que fere (um semelhante) empregando um bastão.

346. O rei, porém, que perdoa aquele que comete violência não tarda a perecer e atrair ódio.

347. Um rei não deve deixar na impunidade aqueles que cometem violência, que aterrorizam todas as criaturas, nem por motivo de amizade, nem motivado por grande lucro.

348. Homens *nascidos duas vezes* podem empunhar armas quando (são) impedidos (de cumprir) seus deveres, quando, em tempos (ruins) as castas (*varna*) dos nascidos duas vezes (são ameaçadas) de destruição,

349. Em sua própria defesa, em uma disputa pelos pagamentos de sacerdotes oficiantes, e com o objetivo de proteger mulheres e brâmanes; aquele que (em tais circunstâncias) mata pela causa do direito, não comete nenhuma falta.

350. É permitido matar sem hesitação um assassino que se aproxima (com intenção de cometer assassinato), seja (ele) o professor (de alguém), uma criança ou um idoso, ou um brâmane profundamente versado nos Vedas.

---

54. No período védico, o mais importante dos deuses. É associado, sobretudo, à coragem e ao heroísmo e reverenciado como um deus da guerra. (N.T.)

351. Ao matar um assassino, o matador não incorre em nenhuma culpa, quer (o faça) pública ou secretamente; nesse caso a fúria reverte sobre a fúria.

352. Homens que cometem adultério com as esposas de outros homens serão, por ordem do rei, punidos com marcas infamantes e depois banidos.

353. Com efeito, o (adultério) causa uma mistura das castas (*varna*) entre os homens; disso (resulta) o pecado, que chega mesmo a cortar as raízes e produz a destruição de tudo.

354. Um homem anteriormente acusado de (tais) transgressões, que conversa em segredo com a esposa de um outro homem, pagará, como penalidade, a primeira (ou a mais baixa) das multas.

355. Um homem, porém, não acusado anteriormente, que conversa com (uma mulher) por algum motivo (razoável), não incorrerá em nenhuma culpa, uma vez que nele não existe nenhuma transgressão.

356. Aquele que corteja a esposa alheia em uma Tîrtha[55], fora do povoado, em uma floresta, ou na confluência de rios, sofrerá (a punição por) atos de adultério (*samgrahana*).

357. Oferecer presentes (a uma mulher), brincar (com ela) de maneira ruidosa e grosseira, tocar seus ornamentos e vestido, sentar ao lado dela em uma cama, todos (esses atos) são considerados atos de adultério (*samgrahana*).

358. Se alguém toca uma mulher em um ponto (que não deve) (ser tocado) ou permite (ser tocado em tal ponto), todos (esses atos realizados) mediante mútuo consentimento são declarados como (sendo) atos de adultério (*samgrahana*).

---

55. Os eruditos esclarecem: "um lugar às margens do rio onde as mulheres vão buscar água". (N.T.)

359. O homem que não é um brâmane deve ser executado se cometeu adultério (*samgrahana*), pois, as esposas mesmo de todas as quatro castas têm que ser sempre cuidadosamente protegidas.

360. Mendigos, poetas, homens que tenham realizado a cerimônia iniciatória de um sacrifício védico, e artesãos, não estão proibidos de falar com mulheres casadas.

361. Que nenhum homem *converse com*[56] as esposas de outros homens depois de ter sido proibido (de fazê-lo); mas aquele que conversar (com elas) apesar da proibição, será multado em um *suvarna*.

362. Essa regra não é aplicável às esposas de atores e cantores, nem (daqueles) que vivem (dos casos amorosos secretos de) suas próprias (esposas), pois tais homens enviam suas esposas (a outros homens) ou, ocultando a si mesmos, permitem que elas mantenham relações sexuais criminosas.

363. Todavia, aquele que conversa em segredo com tais mulheres, ou com escravas mantidas por um (senhor) e com ascetas do sexo feminino, será obrigado a pagar uma pequena multa.

364. Aquele que viola uma donzela sem o consentimento desta sofrerá imediatamente um castigo físico; mas um homem que goza o sexo de uma donzela com o consentimento dela não sofrerá castigo físico, se (sua casta for) a mesma (que a dela).

365. De uma donzela que incita um (homem de) (casta) elevada a ter relações sexuais, ele não cobrará nenhuma multa; mas aquela que provoca sexualmente um (homem de) (casta) inferior, que ele a force a ficar confinada na casa dela.

366. Um (homem de) (casta) inferior que cortejar uma donzela (da casta) mais elevada será submetido a castigo físico; aquele que

---

56. ...*converse with*..., ou seja, converse de maneira informal, tomando certas liberdades, praticamente com intimidade na tentativa de seduzir. (N.T.)

cortejar uma donzela (da) mesma (casta) pagará a taxa nupcial, se for o desejo do pai dela.

367. Mas se qualquer homem insolentemente corrompe por meio de força uma donzela, dois dos dedos dele serão imediatamente cortados e ele pagará uma multa de seiscentos (*panas*).

368. Um homem (da) mesma (casta) que macula uma donzela com o consentimento desta não sofrerá a amputação de seus dedos, mas pagará uma multa de duzentos (*panas*), de modo a ser desestimulado de uma repetição (dessa ofensa).

369. Uma donzela que corrompe (uma outra) donzela deve ser multada em duzentos (*panas*), pagar o dobro de sua taxa (nupcial) e receber dez (açoites com uma) vara.

370. Entretanto, uma mulher que corrompe uma donzela terá imediatamente (sua cabeça) raspada ou dois dedos cortados; adicionalmente, será obrigada a cavalgar um burro (através da cidade).

371. Se uma esposa, orgulhosa da grandeza de seus parentes ou (de sua própria) excelência, *viola o direito que deve ao seu senhor*,[57] o rei ordenará que ela seja devorada por cães em um lugar frequentado por muitas pessoas.

372. Que ele mande o homem envolvido nessa ofensa ser queimado em um leito de ferro em brasa; colocarão lenha sob ele (até que) o pecador seja queimado até a morte.

373. No que se refere a um homem que foi (uma vez) condenado e que, no período de um ano, é (novamente) acusado, (deve-se aplicar) uma multa dupla; mesmo assim (a multa deve ser dobrada) no caso de (repetição) de relações sexuais com uma *Vrâtyâ*[58] e uma *Kandâlî*.

---

57. ...*violates the duty which she owes to her lord*,..., ou seja, lhe é infiel. (N.T.)
58. Como em tantos outros casos, há divergências entre os eruditos. Por exemplo, alguns entendem, segundo Bühler nos informa, que se trata "da esposa de um

374. Um *sudra* que tiver relações sexuais com uma mulher de uma casta (*varna*) de *nascidos duas vezes, protegida ou desprotegida*[59] (será punido da seguinte maneira): se desprotegida, ele perderá *a parte (ofensora)*[60] e toda a sua propriedade; se ela era protegida, perderá tudo (inclusive sua vida).

375. (No caso de relações sexuais com uma brâmane protegida), um *vaisya* terá toda sua propriedade confiscada após o encarceramento por um ano; um *kshatriya* será multado em mil (*panas*) e barbeado com a urina (de um burro).

376. Se um *vaisya* ou um *kshatriya* tiver relações com uma brâmane desprotegida, que o rei multe o *vaisya* em quinhentos (*panas*) e o *kshatriya* em mil.

377. Mas mesmo esses dois, se a ofensa foi cometida com uma brâmane (não só) protegida (como também esposa de um homem eminente), serão punidos como um *sudra* ou queimados em uma fogueira de grama seca.

378. Um brâmane que tiver relações sexuais com uma brâmane protegida contra a vontade dela será multado em mil (*panas*); mas terá que pagar quinhentos se teve relações com uma brâmane que o consentiu.

379. A tonsura (da cabeça) é ordenada para um brâmane (em lugar da) pena capital; mas (homens de) outras castas serão punidos com a pena capital.

380. Que o rei jamais mate um brâmane, ainda que este tenha cometido todos os crimes (possíveis); que o rei condene ao bani-

---

ariano que não foi iniciado"; outros, que se trata de "uma mulher pública" ou uma mulher promíscua, ou seja, "comum entre diversos homens". (N.T.)

59. ...*guarded or unguarded*,...: vigiada ou não vigiada, já que a proteção da mulher incluía necessariamente a sua vigilância e a que não era protegida não era vigiada. (N.T.)

60. ...*the part (offending)*..., isto é, o órgão sexual masculino (pênis). (N.T.)

mento tal (transgressor), deixando toda a sua propriedade (para si), mas (seu corpo) incólume.

381. Não se conhece nenhum crime maior sobre a Terra do que matar um brâmane; portanto, um rei não deve sequer conceber em sua mente a ideia de matar um brâmane.

382. Se um *vaisya* abordar uma mulher protegida da casta *kshatriya*, ou um *kshatriya* uma mulher *vaisya* (protegida), merecerão ambos a mesma punição que envolve uma mulher brâmane não protegida.

383. Um brâmane será obrigado a pagar uma multa de mil (*panas*) se tiver relações sexuais com (mulheres) protegidas (daquelas) duas (castas); a (ofensa com) uma *sudra* (protegida) acarretará uma multa de mil (*panas*) para um *kshatriya* ou um *vaisya*.

384. Por (relações sexuais com) uma *kshatriya* desprotegida, uma multa de quinhentos (*panas* recairá) sobre um *vaisya*; mas (por idêntica transgressão) um *kshatriya* será barbeado com a urina (de um burro) ou (pagará) a mesma multa.

385. Um brâmane que abordar (com intento de sedução) mulheres desprotegidas (das castas) *kshatriya* ou *vaisya*, ou uma mulher *sudra*, será multado em quinhentos (*panas*); mas, se se tratar (de relações sexuais) com uma mulher (das castas) inferiores, a multa será de mil (*panas*).

386. O rei em cuja cidade não vive nenhum ladrão, nenhum adúltero, nenhum difamador, ninguém culpado de violência e nenhum agressor, alcança o mundo de Sakra (Indra).

387. A supressão desses cinco tipos de pessoas de seu domínio assegura a um rei soberania absoluta entre seus pares e fama no mundo.

388. Um sacrificador que abandona um sacerdote oficiante, e um sacerdote oficiante que abandona um sacrificador, (sendo cada um deles) capaz de executar seu trabalho e não contaminado (por crimes graves), devem, cada um, ser multado em cem (*panas*).

389. Nem uma mãe, nem um pai, nem uma esposa, nem um filho serão rejeitados; aquele que os rejeita, a não ser que seja culpado de um crime que produz perda de casta, será multado em seiscentos (*panas*) pelo rei.

390. Se homens *nascidos duas vezes* discutem entre si a respeito do dever das ordens, um rei desejoso de seu próprio bem-estar não deveria (apressadamente) decidir (o que é) a lei.

391. Deveria, após prestar-lhes o devido respeito, com (a assistência de) brâmanes, começar por acalmá-los por meio de (palavras) gentis, para depois instruir-lhes sobre seus deveres.

392. Um brâmane que não convida um brâmane, seu vizinho, mas convida outro para um festival onde vinte brâmanes são entretidos, (embora) ambos (sejam) dignos (de tal honra), é passível de uma multa de um *mâsha*.

393. Um *srotriya* que não entretém um *srotriya* virtuoso em auspiciosos ritos festivos será obrigado a lhe pagar duas vezes (o valor da) refeição e um *mâsha* de ouro (como multa ao rei).

394. Uma pessoa cega, um idiota, (um aleijado) que se move com a ajuda de uma tábua, uma pessoa que completou setenta anos, e aquele que beneficia *srotriyas*, não serão obrigados por nenhum (rei) a pagar imposto.

395. Que o rei sempre trate amavelmente um *srotriya*, um homem doente ou desamparado, uma criança e um idoso ou um pobre, bem como um indivíduo de nobre nascimento e um homem honrado (*Ârya*).

396. Um lavadeiro lavará (as roupas de seus empregadores) suavemente em uma prancha lisa de madeira de algodoeiro; ao devolvê-las não confundirá as roupas de (uma pessoa) com as de (uma outra), não permitindo que ninguém vista as roupas exceto (aquele às quais elas pertencem).

397. Um tecelão (que tenha recebido) dez *palas* (de fios), devolverá (tecido pesando) um *pala* a mais; aquele que agir de modo diferente será obrigado a pagar uma multa de doze (*panas*).

398. Que o rei tome um vigésimo daquela (quantia) que homens familiarizados com a determinação de pedágios e taxas (e) habilidosos na (estimativa do valor de) todos os tipos de mercadorias possam fixar como o valor para cada mercadoria vendável.

399. Que o rei confisque toda a propriedade de um (comerciante) que, motivado pela avidez, exporta mercadorias cujo monopólio é do rei, ou (cuja exportação é) proibida.

400. Aquele que se esquiva da alfândega (ou de um pedágio), aquele que compra ou vende em uma ocasião imprópria, ou aquele que faz uma declaração falsa ao enumerar (suas mercadorias), serão multados em oito vezes (o valor da taxa) da qual tentaram evadir-se.

401. Que (o rei) fixe (as taxas para) compra e venda de todas as mercadorias do mercado, tendo (devidamente) considerado sua procedência, sua destinação, por quanto tempo foram armazenadas, o lucro (provável) e o gasto (provável).

402. Que o rei estabeleça publicamente os preços para os (mercadores) uma vez a cada cinco noites, ou ao fim de cada quinzena.

403. Todos os pesos e medidas devem ser devidamente marcados, e a cada seis meses, que ele os reexamine.

404. Em uma balsa, se deverá pagar um (*pana*) por uma carroça (vazia), meio (*pana*) pela (carga) de um homem; um quarto de (*pana*) por um animal e uma mulher; a metade de um quarto por um homem sem carga.

405. Carroças (carregadas) de recipientes cheios (de mercadorias) terão que pagar pedágio em uma balsa de acordo com o valor (das mercadorias); recipientes vazios e homens sem bagagem pagarão alguma bagatela.

406. No caso de uma longa travessia, o pagamento da embarcação deve ser proporcional aos lugares de destino e ao tempo; que se saiba que essa (regra se refere) a (travessias ao longo) das margens dos rios; no mar, não há [valor de] frete estabelecido.

407. Mas uma mulher que está grávida há dois meses ou mais, um asceta, um eremita da floresta e brâmanes que são estudiosos dos Vedas, não serão obrigados a pagar um pedágio em uma balsa.

408. Qualquer coisa que possa ser danificada em uma embarcação por falha dos barqueiros será compensada pelos barqueiros coletivamente, (cada um pagando) a sua parcela.

409. Essa decisão em processos (apresentados) por passageiros (só tem validade) no caso de haver negligência culpável por parte dos barqueiros na navegação; no caso de (um acidente) causado pela (vontade dos) deuses, nenhuma multa pode ser (aplicada a eles).

410. (O rei) deveria ordenar que um *vaisya* fizesse comércio, emprestasse dinheiro, cultivasse a terra, ou cuidasse do gado, e que um *sudra* servisse às castas dos nascidos duas vezes.

411. (Algum) brâmane (rico) amparará compassivamente tanto um *kshatriya* quanto um *vaisya*, se não tiverem condições de sustentar a si mesmos, os empregando em um trabalho (adequado às) suas (castas).

412. Mas um brâmane que, devido ao seu poder, motivado por avidez faz (homens) iniciados das (castas) dos nascidos duas vezes realizarem, contra a vontade deles, o trabalho de escravos, será multado em seiscentos (*panas*) pelo rei.

413. Mas é permitido a um brâmane obrigar um *sudra*, comprado ou não, a realizar trabalho servil, pois o *sudra* foi criado pelo *existente por si mesmo* (*Svayambhû*) para ser o escravo de um brâmane.

414. Um *sudra*, embora emancipado por seu senhor, não é libertado da servidão. Considerando que a servidão lhe é inata, quem pode libertá-lo dela?

415. Há escravos de sete tipos, (viz.) aquele que foi feito prisioneiro sob uma bandeira na guerra, aquele que serve para sua alimentação diária, aquele que nasceu na casa, aquele que é comprado e aquele que é dado, aquele que é herdado dos ancestrais, e aquele que é escravizado como punição.

416. Uma esposa, um filho e um escravo, estes três, são declarados como não possuidores de propriedade; a riqueza que ganham é (adquirida) por aquele a quem eles pertencem.

417. Um brâmane pode, de maneira confiante, se apossar dos bens de (seu escravo) *sudra*, já que esse (escravo) não pode ter nenhuma propriedade, é permitido ao seu senhor tomar suas posses.

418. (O rei) deveria cuidadosamente obrigar *vaisyas* e *sudras* a executar o trabalho (prescrito) para eles, pois se essas duas (castas) se desviassem de seus deveres, lançariam este mundo (inteiro) na confusão.

419. Que o rei cuide diariamente da conclusão de seus empreendimentos, de seus animais de carga e de suas carruagens, (da coleta de) seus rendimentos e de suas despesas, de suas minas e de seu tesouro.

420. Um rei que, assim, completa todos os negócios legais enumerados acima e remove todos os pecados, alcança o mais elevado estado (de felicidade).

Capítulo IX

1. Apresentarei agora as leis eternas relativas ao marido e a sua esposa que se mantêm no caminho do dever, quer estejam unidos ou separados.

2. As mulheres devem, dia e noite, ser mantidas dependentes dos homens (de) suas (famílias) e caso se apeguem a gozos sensuais, devem ser mantidas sob controle.

3. O pai de uma mulher (a) protege na infância, seu marido (a) protege na juventude, e seus filhos (a) protegem na velhice; uma mulher nunca está apta à independência.

4. É repreensível o pai que não dá (sua filha em casamento) na ocasião adequada; é repreensível o marido que não aborda (sua esposa no tempo devido), e é repreensível o filho que não protege sua mãe após o falecimento do marido dela.

5. As mulheres devem ser especialmente protegidas[61] contra más inclinações, por mais insignificantes (que possam parecer), pois se não forem protegidas, trarão tristeza para duas famílias.

6. Considerando que esse é o supremo dever de todas as castas, mesmo *maridos fracos*[62] (devem) se empenhar em proteger suas esposas.

7. Aquele que protege cuidadosamente sua esposa preserva (a pureza de) seus descendentes, a conduta virtuosa, sua família, a si mesmo, e seus (meios de ganhar) mérito.

8. O marido, depois que sua esposa concebe, torna-se um embrião e nasce novamente dela, pois essa é a condição de esposa de uma esposa (*gâyâ*), [ou seja], que ele nasça (*gâyate*) novamente por meio dela.

9. Tal como é ao homem [marido] que a esposa se apega, ainda assim é o filho que ela concebe; que o homem, portanto, proteja cuidadosamente sua esposa a fim de manter seus descendentes puros.

---

61. Ver nota 56. (N.T.)

62. ...*weak husbands*...: os eruditos explicam que se trata de maridos "cegos, aleijados, pobres etc.". (N.T.)

10. Nenhum homem é capaz de proteger completamente mulheres mediante força; entretanto, elas podem ser protegidas mediante o emprego dos (seguintes) expedientes:

11. Que o (marido) empregue sua (esposa) na administração de cobrança e gastos de sua riqueza, na manutenção de (tudo) limpo, (no cumprimento dos) deveres religiosos, no preparo de seu alimento e no cuidado com os utensílios domésticos.

12. Mulheres confinadas em casa com servos confiáveis e obedientes não são (bem) protegidas, mas aquelas que, pela própria iniciativa, protegem a si mesmas, são bem protegidas.

13. As seis causas da ruína das mulheres são: beber (bebidas alcoólicas), manter a companhia de pessoas más, separar-se do marido, vaguear em país estrangeiro, dormir (em horas impróprias), e habitar nas casas de outros homens.

14. Mulheres não se importam com beleza, nem está a atenção delas fixada na idade; (ao pensarem) "(Basta que) ele seja um homem", elas se entregam aos belos homens e aos feios.

15. Devido a sua paixão pelos homens, ao seu temperamento volúvel, a sua crueldade natural, elas se tornam desleais com seus maridos, independentemente de quão cuidadosamente possam ser protegidas e vigiadas neste (mundo).

16. Sabendo ser tal a disposição delas, que o Senhor das criaturas nelas instalou na criação, (todo) homem deveria esforçar-se com máxima energia na proteção e vigilância delas.

17. (Ao criá-las) Manu atribuiu às mulheres (um amor por seu) leito, (por sua) residência e (por) ornamentos, desejos impuros, ira, desonestidade, malevolência e má conduta.

18. No que diz respeito a mulheres, nenhum rito (sacramental) (é realizado) com textos sagrados: assim está estabelecida a lei; mulheres (que são) destituídas de força e destituídas do (conhecimento dos) textos védicos, (são tão impuras quanto) a (própria) falsidade: esta é uma regra estabelecida.

19. E nesse sentido muitos textos sagrados são cantados também nos Vedas, com o objetivo (de tornar) plenamente conhecida a verdadeira disposição (das mulheres); atenta (agora para aqueles textos que se referem à) expiação de seus (pecados).

20. "Se minha mãe, se desviando e infiel, concebeu desejos ilícitos, que possa meu pai manter essa prole longe de mim", este é o texto das escrituras.

21. Se uma mulher em sua alma pensa em algo que causaria dor ao seu marido, declara-se que o (texto acima mencionado) (constitui um meio de) eliminar completamente tal infidelidade.

22. Não importa quais são as qualidades do homem com quem uma mulher está unida de acordo com a lei, tais qualidades, mesmo ela o supõe, [são] como um rio (unido) ao oceano.[63]

23. Akshamâlâ, uma mulher do nascimento mais vil, tendo se unido a um *Vasishtha* e Sârangî, (tendo se unido) a Mandapâla, tornou-se digna de honra.[64]

24. Essas e outras mulheres de nascimento vil atingiram eminência neste mundo graças às respectivas boas qualidades de seus maridos.

25. Assim foi declarado o sempre puro costume popular (que regula as relações) entre marido e esposa; (na sequência) presta atenção nas leis que dizem respeito a filhos, que constituem a causa da felicidade neste mundo e depois da morte.

26. Não há qualquer diferença entre esposas (*striyah*) que (estão destinadas) a gerar filhos, as quais garantem muitas bênçãos, as

---

63. Bühler: "um rio torna-se salgado depois de se unir ao oceano.". (N.T.)
64. Segundo Bühler, a história de Mandapâla é narrada no *Mahâbhârata* (período épico). (N.T.)

quais são dignas de veneração e irradiam (suas) moradas, e entre as deusas da fortuna (*sriyah*, que residem) nas casas (dos homens).

27. A geração dos filhos, a nutrição [criação] dos que nasceram e a vida diária dos homens, (dessas matérias) a mulher é visivelmente a causa.

28. A prole, (o devido cumprimento dos) ritos religiosos, o serviço fiel, a suprema felicidade conjugal e a felicidade celestial dos ancestrais e de si mesmo dependem exclusivamente da esposa.

29. Aquela que, pelo controle de seus pensamentos, palavras e atos, não viola seu dever para com seu senhor, com ele habita (após a morte) no céu, e neste mundo é chamada pelos virtuosos de (esposa, *sâdhvî*) fiel.

30. Entretanto, se desleal com seu marido, uma esposa é objeto de censura entre os homens e (na sua próxima vida) nasce no ventre de um chacal e é atormentada por doenças, como punição por seu pecado.

31. Presta atenção (agora) à sagrada discussão que se segue, salutar a todos os homens, que os virtuosos (de hoje) e os antigos grandes sábios têm sustentado sobre a prole masculina.

32. (Todos) eles dizem que o descendente masculino (de uma mulher) pertence ao senhor, mas com respeito ao (significado do termo) *senhor* os textos revelados diferem; alguns chamam de (senhor) o progenitor (da criança), enquanto outros declaram (ser) o proprietário do solo.

33. Segundo a tradição sagrada, a mulher é considerada como sendo o solo, e o homem considerado como sendo a semente; a geração de todos os seres corpóreos (ocorre) por meio da união do solo com a semente.

34. Em alguns casos o que mais se destaca é a semente, enquanto em outros é o útero da mulher; mas quando ambos são iguais, a prole é objeto de supremo apreço.

35. Se compararmos a semente com o receptáculo (da semente), a semente é considerada mais importante, visto que a prole de todos os seres criados leva a marca das características da semente.

36. Seja qual for (a espécie de) semente semeada em um campo, desde que preparado na devida estação, (uma planta) dessa mesma espécie, levando a marca das qualidades peculiares da semente, brotará dela.

37. Essa terra, com efeito, é chamada de o útero primordial dos seres criados, mas em seu desenvolvimento, a semente não desenvolve quaisquer propriedades do útero.

38. Neste mundo, sementes de espécies diversas, semeadas na estação apropriada na terra, mesmo em um só campo, germinam (cada uma delas) conforme a sua espécie.

39. O arroz (chamado de) *vrîhi* e aquele (chamado) de *sâli*, as favas *mudga*, o gergelim, as favas *mâsha*, a cevada, o alho-poró e a cana-de-açúcar, (todos) brotam de acordo com suas sementes.

40. É impossível depositar [na terra] a semente de uma (planta) e outra planta ser produzida; qualquer que seja a semente lançada [na terra], é (uma planta da) espécie dessa semente que surgirá.

41. Jamais, portanto, deve um homem educado, que conhece os Vedas e suas *Angas*, e deseja uma vida longa, coabitar com a esposa de outro homem.

42. Com referência a essa (matéria), aqueles familiarizados com o passado, recitam alguns versos, cantados por Vâyu (o Vento, para mostrar) que a semente[65] não deve ser depositada por (qualquer) homem naquilo que pertence a outro homem.

43. Tal como a flecha arremessada por (um caçador) que, depois, atinge um (cervo) ferido na ferida (produzida por um outro) é ar-

---

65. A analogia com o mundo vegetal prossegue, aqui a semente se identificando com o sêmen masculino que é, a rigor, uma semente. (N.T.)

remessada em vão, do mesmo modo a semente depositada naquilo que pertence a outro é rapidamente perdida (para o semeador).

44. (Sábios) que conhecem o passado chamam esta terra (*prithivî*) mesmo de esposa de *Prithu*; consideram que um campo pertence a quem removeu as árvores e que um cervo pertence a quem o feriu (primeiro).

45. Só é um homem perfeito aquele que consiste (de três pessoas unidas), sua esposa, ele próprio e seus descendentes: assim (afirmam os Vedas), e os brâmanes (instruídos), do mesmo modo, apresentam esta (máxima): "Declara-se ser o marido uno com a esposa".

46. Uma esposa não é liberada do marido nem por meio de venda nem por ter sido repudiada: sabemos ser esta a lei, a qual foi estabelecida pelo Senhor das criaturas (*Pragâpati*)[66] há muito tempo.

47. Uma vez feita a partilha (da herança), (uma vez) dada uma donzela em casamento, (e) uma vez (um homem) diz: "Darei", cada um desses três (atos é realizado) apenas uma vez.

48. Tal como em relação a vacas, éguas, camelas, escravas, búfalas, cabras e ovelhas, não é o progenitor (ou o seu proprietário) que obtém a prole, assim mesmo (é) com as esposas alheias.

49. Aqueles que não possuem nenhuma propriedade em um campo, mas que possuem grão usado como semente e o semeiam em solo alheio, realmente não recebem o cereal que possa vir a brotar.

50. Se o touro (de um homem) viesse a gerar cem novilhos nas vacas de um outro homem, eles pertenceriam ao dono das vacas; o touro teria gasto seu vigor em vão.

51. Assim, os homens que não têm propriedade como maridos das mulheres, mas depositam suas sementes no solo dos outros, bene-

---

66. *Prajâpati*: não há propriamente uma convenção universal e objetiva quanto à transliteração do sânscrito. Por exemplo, o *g* e o *j* são intercambiáveis, como no caso acima e em *gâti* (*jâti*). (N.T.)

ficiam o dono da mulher; mas o doador da semente não colhe nenhuma vantagem.

52. Se no que diz respeito à colheita, nenhum acordo foi feito entre o dono do campo e o dono da semente, o benefício claramente caberá ao dono do campo; [nesse caso] o receptáculo é mais importante do que a semente.

53. Mas se mediante um contrato especial, (um campo) é transferido legalmente (a outra pessoa) para semeadura, nesse caso o dono da semente e o dono da terra são ambos considerados neste mundo compartilhadores da (colheita).

54. Caso a semente seja carregada pela água ou pelo vento para o campo de alguém e (aí) germina, a (planta que brotar dessa) semente será do dono do campo e o dono da semente nada receberá da colheita.

55. Que se saiba que tal é a lei relativa à prole de vacas, éguas, escravas, camelas, cabras e ovelhas, bem como de fêmeas de aves e búfalas.

56. Assim, a importância comparativa da semente e do útero foi exposta a ti. Na sequência, apresentarei a lei (aplicável) a mulheres em tempos de infelicidade.

57. A esposa de um irmão mais velho é para o (irmão) mais novo dele a esposa de um *Guru*[67]; mas a esposa do mais novo é considerada (como sendo) a nora do mais velho.

58. Um (irmão) mais velho que aborda a esposa do mais novo, e um (irmão) mais novo (que aborda) a esposa do mais velho, exceto em tempos de infelicidade, tornam-se ambos proscritos, ainda que (fossem devidamente) autorizados.

---

67. Guia espiritual, mas Bühler informa que, segundo Râgh., o sentido aqui é simplesmente de *pai*. (N.T.)

59. Na falta de descendentes (causada pela incapacidade do marido de engravidá-la), uma mulher que tenha sido autorizada pode obter, (da) (maneira) correta (prescrita), a prole desejada (tendo relações sexuais) com um cunhado ou (com algum outro) *Sapinda* (do marido).

60. Aquele (que foi) designado para (ter relações sexuais com) a viúva (a abordará) à noite untado com manteiga clarificada e silencioso, (e) gerará um filho do sexo masculino, de modo algum um segundo.

61. Alguns (sábios) versados na lei, considerando que a meta da designação e do encontro não foi alcançada pelos dois (quanto ao nascimento do primeiro filho), pensam que um segundo (filho do sexo masculino) pode ser licitamente gerado em (tais) mulheres.

62. Mas quando o propósito da designação para (ter relações com) a viúva foi alcançado de acordo com a lei, os dois [que tiveram as relações] se comportarão [posteriormente] em seu relacionamento mútuo como um pai e uma nora.

63. Se eles dois, (tendo sido assim) designados, desviarem da regra e agirem sob o império do desejo sexual, se tornarão ambos proscritos, (como homens) que maculam o leito de uma nora ou de um *Guru*[68].

64. No que se refere aos homens *nascidos duas vezes*, uma viúva não deve ser designada para (ter relações com) qualquer outro (exceto seu marido); com efeito, aqueles que (a) designarem para um outro (homem) violarão a lei eterna.[69]

65. Nos textos sagrados que se referem ao casamento, a designação (relativa às viúvas) não é mencionada em lugar algum, e tam-

---

68. Ver nota 67. (N.T.)
69. O conteúdo destes versos é um tanto confuso e Bühler, inclusive, declara que "positivamente contradizem as regras indicadas nos versos precedentes." (N.T.)

pouco é determinado o novo casamento das viúvas nas regras relativas ao casamento.

66. Dizem que essa prática, censurada pelos sábios das castas dos *nascidos duas vezes* como apropriada para o gado, (ocorreu) até entre homens enquanto Vena[70] governou.

67. Esse chefe de sábios da realeza, que antes possuía o mundo inteiro, ocasionou uma confusão das castas (*varna*), tendo sido a sua mente destruída pela luxúria.

68. Desde aquela (época), os virtuosos censuram o (homem) que, em sua loucura, decreta que uma mulher cujo marido morreu (gere) filhos (para um outro homem).

69. Se o (futuro) marido de uma donzela morre após uma promessa de casamento feita verbalmente, seu [futuro] cunhado casará com ela de acordo com a regra que se segue.

70. Tendo, em conformidade com a regra, a desposado, ela (que deve estar) trajada de roupas brancas e na intenção de pureza, será abordada por ele uma vez a cada ocasião apropriada até (terem) uma prole.

71. Que nenhum homem prudente, depois de ter dado sua filha a um (homem), a dê novamente a outro, pois aquele que dá (sua filha) que já dera antes, incorre (na culpa) de se pronunciar falsamente no que diz respeito a um ser humano.

72. Embora (um homem) possa ter aceitado uma donzela da forma devida, ele pode abandoná-la (se ela tiver) defeitos no corpo, for doente ou deflorada, e se (tiver sido) dada de maneira fraudulenta.

73. Se alguém cede uma donzela que tem defeitos no corpo sem declará-los, é permitido ao (noivo) anular o (contrato) de casamento junto ao doador mau-caráter.

---

70. Bühler: "De acordo com a tradição épica e *paurânica*, Vena foi o pai de *Prithu* e um rei ateu, que exigia que os sacrifícios fossem oferecidos a ele próprio, e não aos deuses". (N.T.)

74. Um homem que tem negócios (no estrangeiro) pode partir após assegurar a manutenção da esposa, visto que uma esposa, embora virtuosa, pode ser corrompida se desamparada e sem meios de subsistência.

75. Se (o marido) parte em uma viagem depois de prover [meios de subsistência] (para a esposa), esta se submeterá ao controle em sua vida diária; mas se ele partiu sem (provê-la) [de meios de subsistência], é permitido a ela subsistir por meio de trabalhos manuais irrepreensíveis.

76. Se o marido foi ao estrangeiro devido a algum dever sagrado, (ela) deve esperar por ele oito anos, se (ele foi) para (adquirir) conhecimento ou reputação, seis anos, e se (foi) por prazer, três anos.

77. Que um marido tenha paciência com uma esposa que o odeia por um ano; mas depois (do decorrer de) um ano, que ele a destitua da propriedade dela e pare de viver com ela e ter com ela relações sexuais.

78. Aquela que mostrar desrespeito com (um marido) que é viciado em (alguma) paixão (negativa), que é um bêbado, ou doente, será deserdada por três meses (e) privada de seus ornamentos e mobília.

79. Mas aquela que vota aversão a um (marido) louco ou proscrito, um eunuco, alguém destituído de força viril, ou alguém afligido por aquelas doenças punitivas de crimes, não será nem rejeitada nem privada de sua propriedade.

80. A [esposa] que bebe bebida alcoólica, que tem um mau comportamento, que se mostra rebelde, que é doente, que maltrata as pessoas ou é esbanjadora, pode, a qualquer tempo, ser substituída (por outra esposa).

81. Uma esposa estéril pode ser substituída no oitavo ano, aquela cujos filhos morrem (todos) no décimo, aquela que somente gera filhas no décimo primeiro, mas aquela que é briguenta pode ser substituída imediatamente.

82. Entretanto, uma esposa doente que é bondosa (para seu marido) e virtuosa em sua conduta, (somente) pode ser substituída com seu próprio consentimento e jamais deve ser destituída de sua honra.

83. Uma esposa que, tendo sido substituída, tomada de raiva parte da casa (de seu marido), deve ou ser imediatamente confinada ou rejeitada na presença da família.

84. Mas aquela que, apesar da proibição, toma bebidas alcoólicas até nos festivais, ou participa de espetáculos públicos ou reuniões públicas, será multada em seis *krishnalas*.

85. Se homens *nascidos duas vezes* se casaram com mulheres de sua própria casta e de outras (castas inferiores), a superioridade da idade, a honra e a habitação dessas (esposas) devem ser (estabelecidas) de acordo com a ordem das castas (*varna*).

86. Entre todos os (homens *nascidos duas vezes*), somente a esposa da mesma casta, e de modo algum uma esposa de casta diferente, atenderá pessoalmente seu marido e o assistirá em seus ritos sagrados diários.

87. Mas aquele que, de maneira tola, faz esse (dever) ser cumprido por uma outra mulher enquanto sua esposa de mesma casta está viva, é considerado pelos antigos (como sendo) tão (desprezível) quanto um *Kândâla* (surgido da) (casta) dos brâmanes.

88. (Um pai) deveria dar sua filha a um pretendente distinto e atraente (da) mesma (casta), de acordo com a regra determinada, ainda que ela não tenha atingido (a idade apropriada).

89. (Mas) é preferível que a donzela, embora apta ao casamento, permaneça na casa (de seu pai) até a morte, do que seu pai algum dia dá-la a um homem que não tem boas qualidades.

90. Que uma donzela espere três anos, ainda que apta ao casamento; mas que depois desse tempo ela escolha para si um noivo (de) sua mesma (casta e posição).

91. Se, não tendo sido dada em casamento, ela própria procura um marido, não incorre em nenhuma culpa, nem (incorre) aquele com quem ela casa.

92. A donzela que escolhe [um marido] para si mesma não levará consigo nenhum ornamento dado por seu pai ou sua mãe, ou por seus irmãos; se ela levar embora ornamentos, isso constituirá roubo.

93. Mas aquele que toma (como esposa) uma donzela apta ao casamento não pagará ao pai dela nenhuma taxa nupcial, pois (este último) perderá seu domínio sobre ela por haver impedido (o legítimo resultado do aparecimento de) sua menstruação.

94. Um homem de trinta anos casará com uma donzela de doze que o agrade, ou um homem de vinte e quatro anos com uma garota de oito anos de idade; se (a execução dos deveres [conjugais] dele for (de alguma outra forma) impedida, (ele deverá casar) mais cedo.

95. O marido recebe sua esposa dos deuses; (ele não se casa com ela) de acordo com sua própria vontade; para fazer o que é agradável aos deuses ele deve sempre sustentá-la (enquanto ela lhe for) fiel.

96. As mulheres foram criadas para serem mães, e os homens para serem pais; portanto, nos Vedas são ordenados ritos religiosos a serem realizados (pelo marido) junto com a esposa.

97. Se depois que a taxa nupcial foi paga por uma donzela, aquele que pagou morrer, ela será dada em casamento ao irmão do morto, se ela própria consentir.

98. Até um *sudra* não deve receber uma taxa nupcial ao ceder sua filha, pois aquele que recebe uma taxa está vendendo sua filha, ocultando (a transação com um outro nome).

99. Nem homens antigos, nem homens modernos que foram bons homens realizaram (a ação) de, após prometer (uma filha) a um homem, darem-na a um outro;

100. Nem, realmente, ouvimos falar, mesmo no que foi instituído no passado, em (algo) como a venda dissimulada de uma filha por um preço fixo, chamada de taxa nupcial.

101. "Que a fidelidade mútua continue até a morte", isso pode ser considerado como o resumo da suprema lei relativa ao marido e à esposa.

102. Que o homem e a mulher, unidos no casamento, se esforcem constantemente para (que não sejam) desunidos (e) não violem sua mútua fidelidade.

103. Assim, foi a ti declarada a lei relativa ao marido e sua esposa, que está intimamente ligada à felicidade conjugal, e à maneira de criar os filhos em tempos de calamidade; aprende (agora a lei relativa à) divisão da herança.

104. Depois da morte do pai e da mãe, os irmãos, em reunião, podem dividir entre si em parcelas iguais a propriedade paterna (e materna), uma vez que eles não têm poder (sobre ela) durante a vida de seus pais.

105. (Ou) o filho primogênito herdará a propriedade paterna total e os outros viverão sob a autoridade dele, tal como (viveram) sob a autoridade do pai.

106. Imediatamente na ocasião do nascimento de seu primogênito, um homem é (chamado) de pai de um filho homem e libertado do débito com os *manes*; esse (filho), portanto, é digno de (receber) toda a propriedade.

107. Esse filho do sexo masculino sobre o qual unicamente ele lança seu débito e através do qual ele obtém imortalidade, é gerado para (o cumprimento da) lei; todos os restantes são considerados a prole do desejo.

108. Como um pai (sustenta) seus filhos, que o primogênito sustente seus irmãos mais jovens e que estes, também, de acordo com a lei, se comportem em relação ao seu irmão mais velho como filhos (se comportam em relação ao seu pai).

109. O (filho) mais velho [primogênito] traz prosperidade para a família ou, pelo contrário, a arruína; o filho mais velho (é considerado) entre os homens o mais digno de honra; o filho mais velho não é tratado desrespeitosamente pelos virtuosos.

110. Se o irmão mais velho [primogênito] se comporta como o irmão mais velho (deve se comportar), ele (deve ser tratado) como uma mãe e como um pai; mas se seu comportamento for indigno de um irmão mais velho, ele deveria, ainda assim, ser honrado como um parente.

111. Assim, que se permita a eles viverem ou juntos ou separados, se (cada um) quiser (ganhar) mérito espiritual; com efeito, o mérito (deles) aumenta (se viverem) separados, com o que a separação é meritória.

112. A parcela adicional (deduzida) a favor do irmão mais velho [primogênito] será de um vigésimo (da propriedade) e o melhor de todos os bens móveis; para os irmãos do meio, a metade disso; mas a favor do mais jovem, um quarto.

113. Tanto o mais velho quanto o mais novo tomarão (suas parcelas) de acordo com (a regra que acabei) de estabelecer; (cada um) daqueles que se acham entre o mais velho e o mais novo terá a parcela (determinada para o) que está mais próximo do meio.

114. Entre os bens de todos os tipos, o mais velho tomará o melhor (artigo), e (inclusive um só bem móvel) que seja particularmente bom, bem como o melhor de dez (animais).

115. Mas entre (irmãos) que têm a mesma habilidade em suas ocupações, não há parcela adicional (que consiste no melhor animal) entre dez; apenas uma ninharia será dada ao mais velho como um sinal de respeito.

116. Se parcelas adicionais forem assim deduzidas, deve-se atribuir parcelas iguais (a partir do residual a cada um); mas se nenhuma dedução é feita, a atribuição das parcelas entre eles será (feita) da maneira que se segue.

117. Que o filho mais velho [primogênito] tome uma parcela excedente, o (irmão) que nasceu após ele uma (parcela) e meia, enquanto os mais novos uma parcela cada; assim está estabelecida a lei.

118. Entretanto, no que diz respeito às (irmãs) virgens, os irmãos darão separadamente (porções) retiradas de suas parcelas, cada um uma parte de um quarto de sua própria parcela; aqueles que se recusarem a dá(-la) se tornarão proscritos [párias].

119. Que nunca se divida (o valor de) um único bode ou carneiro, ou um (único animal) com cascos não fendidos; está determinado (que) um só bode ou um só carneiro (que resta depois de uma divisão igual, pertence) exclusivamente ao irmão mais velho.

120. Se um irmão mais novo gera um filho[71] na esposa do irmão mais velho, a divisão, nesse caso, deve ser feita igualmente: assim está estabelecida a lei.

121. O subsidiário (o filho gerado na esposa [do irmão mais velho]) não é investido do direito do principal [titular], (o irmão mais velho, a uma parcela adicional); o principal (tornou-se) um pai na procriação (de um filho por seu irmão mais novo); consequente-

---

71. Em todo este contexto, *filho(s)* designa um filho do sexo masculino (*son*). (N.T.)

mente, se deveria dar uma parcela ao (filho gerado na esposa do irmão mais velho) de acordo com a regra (estabelecida acima).

122. Se houver uma dúvida quanto a como a divisão será feita, no caso de o filho mais novo nascer da esposa mais velha e o filho mais velho da esposa mais jovem,

123. (Então o filho) nascido da primeira esposa tomará como sua parcela adicional um touro (de máxima qualidade); os seguintes melhores touros (pertencerão) àqueles (que são) inferiores em razão de suas mães.

124. Mas o (filho) mais velho, tendo nascido da mais velha esposa, receberá quinze vacas e um touro, enquanto será permitido aos outros filhos, então, tomar parcelas de acordo com (a superioridade por idade de) suas mães: esta é uma regra estabelecida.

125. Entre filhos nascidos de esposas de mesma (casta), (e) sem (qualquer outra) distinção, não existe nenhuma superioridade por idade quanto ao direito da mãe; a superioridade por idade é de acordo com o nascimento.

126. E com respeito aos (textos) Subrahmanyâ, também está registrado que a invocação (de Indra será feita) pelo primogênito, igualmente de gêmeos (concebidos antes) nos úteros (de suas mães), estando declarado que a superioridade por idade (depende) do (efetivo) nascimento.

127. Aquele que não tem filho pode, da seguinte maneira, fazer de sua filha uma filha nomeada (*putrikâ*), dizendo ao marido dela: "O filho (do sexo masculino) que nascer dela, realizará meus ritos funerários".

128. De acordo com essa regra, o próprio Daksha, senhor dos seres criados, fez outrora de (todas as suas descendentes) filhas nomeadas a fim de multiplicar sua raça.

129. Deu dez a Dharma[72], treze a Kasyapa[73], vinte e sete ao Rei Soma[74], honrando-(os) com ternura.

130. Um filho é inalterável (como) si mesmo, ao passo que (tal) filha é igual a um filho. Como poderia um outro (herdeiro) tomar a propriedade enquanto tal (filha nomeada, que é inalterável) ela mesma, vive?

131. Mas qualquer que possa ser a propriedade separada da mãe, essa é somente a parcela da filha solteira; e o filho de uma filha (nomeada) tomará toda a propriedade de (seu avô materno) que não deixa nenhum filho.

132. O filho de uma filha (nomeada), na verdade, (também) tomará a propriedade de seu (próprio) pai que não deixar nenhum (outro) filho; nesse caso, ele presenteará o seu próprio pai e seu avô materno com dois bolos funerários.

133. Não há nenhuma diferença entre o filho de um filho e o filho de uma filha (nomeada), nem com relação a assuntos mundanos nem com relação a deveres sagrados, pois o pai e a mãe deles surgiram, ambos, do corpo do mesmo (homem).

134. Mas se depois que uma filha foi nomeada, (seu pai) gera um filho, a divisão (da herança) deverá (nesse caso) ser igual, visto não haver direito de primogenitura para uma mulher.

135. Se, porém, uma filha nomeada morre acidentalmente sem (deixar) um filho, o marido da filha nomeada pode, sem hesitar, tomar a propriedade.

---

72. Que pode ser traduzido por justiça, retidão, mérito, virtude, conduta moral e lei moral (ética). (N.T.)
73. A referência parece ser ao autor dos *Vaisesika Sutra*, texto de um dos sistemas filosóficos ortodoxos indianos. (N.T.)
74. A lua. (N.T.)

136. Através daquele filho que (uma filha), não nomeada ou nomeada, possa gerar para (um marido) de mesma (casta), seu avô materno (passa a ter) o filho de um filho; ele ofertará o bolo funerário e tomará a propriedade.

137. Através de um filho ele conquista os mundos, através do filho de um filho ele obtém imortalidade, mas através do neto de seu filho ele ganha o mundo do sol.

138. Porque um filho liberta (*trâyate*) seu pai do inferno chamado Put, ele foi, portanto, chamado de *put-tra* (um libertador de Put) pelo próprio *existente por si mesmo* (Svayambhû).

139. Entre o filho de um filho e o filho de uma filha não existe neste mundo nenhuma diferença, pois mesmo o filho de uma filha salva (aquele que não tem filhos) no próximo mundo, como o filho do filho.

140. Que o filho de uma filha nomeada primeiro presenteie sua mãe com um bolo funerário, em segundo lugar seu pai e, em terceiro, o pai de seu pai.

141. Com relação ao homem que tem um filho adotado (*Datrima*) possuidor de todas as boas qualidades, esse mesmo (filho) receberá a herança, ainda que trazido de uma outra família.

142. Um filho adotado jamais tomará o (nome) da família e a propriedade de seu pai natural; o bolo funerário acompanha o (nome) da família e a propriedade, sendo que as oferendas funerárias daquele que dá (seu filho para ser adotado) cessam (no que se refere a esse filho).

143. O filho de uma esposa não nomeada (para ter descendentes com outro homem), e aquele que (uma mulher nomeada, já) mãe de um filho, concebe para seu cunhado, são ambos indignos de uma parcela, (o primeiro sendo) o filho de uma adúltera, e (o segundo) o (mero) produto da luxúria.

144. Até o (filho) do sexo masculino de uma mulher (devidamente) nomeada que não foi gerado de acordo com a regra (indicada acima), é indigno da propriedade paterna, uma vez que foi procriado por um proscrito.

145. Um filho (legalmente) gerado nessa mulher nomeada herdará como um filho legítimo do corpo, pois essa semente e seu produto pertencem, de acordo com a lei, ao proprietário do solo.

146. Aquele que cuida da propriedade de seu irmão morto e da viúva deste, depois de criar um filho para seu irmão, dará essa propriedade a esse (filho).

147. No caso de uma mulher (devidamente) nomeada gerar um filho para seu cunhado ou um outro homem (*Sapinda*), tal (filho, se) gerado motivado por desejo, é considerado (como sendo) incapaz de herdar e gerado inutilmente.

148. As regras (indicadas acima) devem ser entendidas (como aplicáveis) a uma distribuição entre filhos do sexo masculino de mulheres da mesma (casta); presta atenção (agora na lei) referente aos [filhos] gerados por um homem em muitas esposas de (castas) diferentes.

149. Havendo quatro esposas de um brâmane na ordem direta das castas, a regra para a divisão (da propriedade) entre os filhos do sexo masculino nascidos delas é a seguinte:

150. O (escravo) que cultiva (o campo), o touro mantido para fecundar as vacas, os veículos, os ornamentos e a casa serão dados, como uma porção adicional, ao (filho) brâmane, além de uma entre as mais generosas das parcelas.

151. Que o filho da (esposa) brâmane tome três parcelas do (restante da) propriedade, o filho da *kshatriya*, duas, o filho da *vaisya*, uma parcela e meia, e o filho da *sudra* possa tomar uma parcela.

152. Ou que aquele que conhece a lei divida a propriedade total em dez parcelas, e as distribua com justiça de acordo com a seguinte regra:

153. O (filho) brâmane tomará quatro parcelas, o filho da (esposa) *kshatriya* três, o filho da *vaisya* terá duas partes, e o filho da *sudra* pode receber uma parcela.

154. Se (um brâmane) tem filhos ou não tem filhos (com esposas das castas dos *nascidos duas vezes*), o (herdeiro) deve, de acordo com a lei, dar ao filho de uma (esposa) *sudra* não mais do que uma décima (parte de sua propriedade).

155. O filho de um brâmane, de um *kshatriya* e de um *vaisya* com uma (esposa) *sudra* não recebe nenhuma parte da herança; seja o que for que seu pai possa lhe dar, isso será sua propriedade.

156. Todos os filhos de homens *nascidos duas vezes* nascidos de esposas da mesma casta, dividirão igualmente a propriedade depois de os outros terem dado ao mais velho uma parcela adicional.

157. Para um *sudra* é determinado uma esposa de sua própria casta somente (e) nenhuma outra; aqueles dela nascidos terão parcelas iguais, mesmo que haja cem filhos.

158. Entre os doze filhos de homens que Manu, nascido do *existente por si mesmo* (Svayambhû), enumera, seis são parentes e herdeiros, e seis não herdeiros, (mas) parentes.

159. O filho legítimo do corpo, o filho gerado em uma esposa, o filho adotado, o filho feito, o filho nascido secretamente e o filho rejeitado (são) os seis herdeiros e parentes.[75]

160. O filho de uma donzela solteira, o filho recebido com a esposa, o filho comprado,[76] o filho gerado em uma mulher casada

---

75. Ver, na sequência, versos 166-175. (N.T.)
76. Ver, na sequência, verso 174. (N.T.)

novamente, o filho que se dá a si mesmo[77] e o filho de uma mulher *sudra*, (são) os seis (que) não (são) herdeiros, (mas) parentes.

161. Qualquer que seja o resultado obtido por um homem (que tenta) atravessar um (longo trecho de) água em um barco inseguro, esse será o mesmo resultado obtido por aquele que (tenta) atravessar a escuridão (do próximo mundo) com (a ajuda de substitutos) ruins (de um) filho (verdadeiro).

162. Se os dois herdeiros de um homem forem um filho legítimo de seu corpo e um filho gerado em sua esposa, cada um (dos dois filhos), com a exclusão de outro, tomará a propriedade de seu pai (natural).

163. Somente o filho legítimo do corpo (será) o proprietário da propriedade paterna; mas, com a finalidade de evitar a insensibilidade, que ele dispense um apoio para a subsistência dos outros filhos.

164. Mas quando o filho legítimo do corpo divide a propriedade paterna, ele dará uma sexta ou quinta parte da propriedade de seu pai ao filho gerado na esposa.

165. O filho legítimo e o filho da esposa compartilham (assim) da propriedade do pai; mas os outros dez se tornam membros da família e herdam de acordo com sua ordem (cada um nomeado mais tarde na falta daqueles nomeados mais cedo).

166. Que saiba aquele que um homem gera na própria esposa, com a qual casou, é um filho legítimo do corpo (*Aurasa*), o primeiro em posição.

167. Aquele que foi gerado de acordo com a lei peculiar (do Niyoga) na esposa nomeada de um homem morto, de um eunuco, ou

---

77. Ver, na sequência, verso 177. (N.T.)

de alguém doente, é chamado de um filho gerado em uma esposa (Kshetraga).

168. O (menino) de mesma (casta) que sua mãe ou seu pai dá afetuosamente, (confirmando a doação) com (uma libação de) água, em tempos de desgraça, (a um homem) como filho deste, deve ser considerado como um filho adotado (Datrima).

169. Mas é considerado um filho *feito* (Kritrima), aquele que (um homem) torna seu filho, (sendo ele) da mesma (casta), familiarizado com (as distinções entre) o certo e o errado, (e) dotado de virtudes filiais.

170. Se (uma criança) nasce na casa de um homem e o pai dela não é conhecido, ela é um filho nascido secretamente na casa (Gûdhotpanna), e pertencerá àquele de cuja esposa ela nasceu.

171. Aquele que (um homem) recebe como seu filho, (depois de ter sido) abandonado por seus pais, ou por um ou outro deles, é chamado de filho rejeitado (Apaviddha).

172. Um filho que uma donzela gera secretamente na casa do pai dela chamar-se-á filho de uma donzela solteira (Kânîna, e declara-se que) tal filho de uma garota solteira (pertence) a quem a desposar (posteriormente).

173. Se alguém casa, sabendo-o ou não, com uma (noiva) grávida, a criança no útero dela pertence a quem se casa com ela, e é chamada de (filho) recebido com a noiva (Sahodha).

174. Se um homem compra um (menino), dotado de (boas qualidades) iguais ou desiguais, de seu pai e sua mãe com o objetivo de ter um filho, essa (criança) é chamada de (filho) comprado (Krîtaka).

175. Se uma mulher abandonada pelo marido, ou uma viúva, por iniciativa própria contrata um segundo casamento e concebe (um filho), este é chamado de filho de uma mulher casada novamente (Paunarbhava).

176. Se ela for (ainda) virgem, ou alguém que retornou (ao seu primeiro marido) depois de abandoná-lo, ela é digna de novamente realizar com o segundo marido, (ou com o primeiro que foi abandonado) a cerimônia (nupcial).

177. Aquele que, tendo perdido seus pais ou tendo sido abandonado (por eles) sem uma (justa) causa, doa a si mesmo a um (homem), é chamado de filho que se dá a si mesmo (Svayamdatta).

178. O filho que um brâmane gera por mero desejo sexual em uma mulher *sudra* é, (ainda que) vivo (*pârayan*), um cadáver (*sava*) e, consequentemente, chamado de um Pârasava (um cadáver vivo).

179. Um filho que é (gerado) por um *sudra* em uma escrava, ou na escrava de seu escravo, pode, se permitido (por seu pai), tomar uma parcela (da herança): assim está estabelecida a lei.

180. Esses *onze*, o filho gerado na esposa e os restantes como enumerado (acima), os sábios chamam de substitutos para um filho, (tomados) em ordem a fim de (prevenir) uma falta das cerimônias (funerárias).

181. Os filhos mencionados em conexão com (o filho legítimo do corpo), sendo gerados por estranhos, pertencem (na realidade) àquele a partir de cujo sêmen nasceram, mas não ao outro (homem que os tomou).

182. Se entre irmãos, nascidos de um mesmo (pai), um deles tem um filho, é proclamado por Manu que todos eles tenham descendentes masculinos através desse filho.

183. Se entre todas as esposas de um marido uma delas tiver um filho, é proclamado por Manu que todas elas (sejam) mães de crianças do sexo masculino através desse filho.

184. Na falta de cada melhor (filho), cada (um) inferior mais próximo é digno de receber a herança; mas se houver muitos (na) mesma (posição), todos eles compartilharão da propriedade.

185. Nem irmãos, nem pais, mas filhos tomam a propriedade paterna; mas o pai tomará a herança de (um filho) que não deixa descendentes do sexo masculino, e seus irmãos.

186. Água deve ser oferecida a três (ancestrais) e o bolo funerário é dado a três[78]; o quarto (descendente é) quem oferece essas (oblações), enquanto o quinto não tem conexão (com elas).

187. A propriedade pertencerá sempre ao (parente dentro de três graus) que for mais próximo do *Sapinda* (falecido); posteriormente um Sakulya[79] será (o herdeiro, e, em seguida,) o mestre espiritual ou o discípulo.

188. Na falta, porém, de todos os (herdeiros), brâmanes versados nos três Vedas,[80] puros e dotados de autocontrole (compartilharão) a propriedade, com o que a lei não é transgredida.

189. A propriedade de um brâmane não deve jamais ser tomada pelo rei: esta é uma regra estabelecida; entretanto, (a propriedade de pessoas) de outras castas pode, na falta de todos os (herdeiros), ser tomada pelo rei.

190. (Se a viúva) de (um homem) que morreu sem deixar descendentes cria para ele um filho por meio de um membro da família (Sagotra), entregará a esse (filho) toda a propriedade que pertencia ao (morto).

---

78. Os eruditos esclarecem que esses três são "o pai, o avô e o bisavô". (N.T.)
79. Bühler: "aquele pertencente à mesma família". (N.T.)
80. Na verdade, são *quatro* coleções, mas certos eruditos (como L. N. Rangarajam, na sua monumental tradução do *Arthashastra*, de Kautilya) não consideram o *Atharva Veda* propriamente como um quarto *Veda*. Bühler deve ter em mente o *Rig Veda*, o *Yajur Veda* e o *Sama Veda*. O *Atharva Veda* trata fundamentalmente de magia, indicando muitas fórmulas mágicas. Ver nota 2. (N.T.)

191. Se, entretanto, dois (filhos), gerados por dois (homens diferentes) disputam a propriedade (que está nas mãos) de sua mãe, cada um tomará, excluindo o outro, o que pertencia ao seu pai.

192. Quando, porém, a mãe morreu, todos os irmãos uterinos e irmãs uterinas dividirão igualmente a propriedade da mãe.

193. Mesmo às filhas daquelas (filhas) algo deveria ser dado, como seria apropriado, da propriedade de sua avó materna, considerando-se a afeição.

194. Chama-se de a propriedade sêxtupla de uma mulher o que (foi dado) antes da taxa (nupcial), o que (foi dado) na procissão da noiva, o que foi dado como sinal de amor e o que foi recebido do irmão, mãe ou pai dela.

195. (Tal propriedade), bem como um presente subsequente e o que foi dado (a ela) por seu afetuoso marido, irão para os descendentes dela, (mesmo) que ela morra durante a vida de seu marido.

196. Está determinado que a propriedade (de uma mulher casada) conforme o rito Brâhma, Daiva, Ârsha, Gândharva ou Prâgâpatya (pertencerá) exclusivamente ao seu marido caso ela morra sem descendentes.

197. Está determinado, porém, que a propriedade que possa ter sido dada a uma (esposa) em um casamento Âsura ou (em um dos) outros (casamentos censuráveis irá) para sua mãe e para seu pai, caso ela morra sem descendentes.

198. Seja qual for a propriedade que possa ter sido dada por seu pai a uma esposa (que tem coesposas de castas diferentes), tal propriedade será tomada pela filha (da esposa) brâmane ou pelos descendentes dessa (filha).

199. Mulheres não deveriam jamais formar um tesouro a partir (da propriedade de) suas famílias que é comum a muitos, nem a partir da propriedade (particular de seu próprio marido) sem permissão.

200. Os ornamentos que possam ter sido usados por mulheres durante a vida de seus maridos não serão divididos pelos herdeiros dele; aqueles que os dividem se tornam proscritos [párias].

201. Eunucos e proscritos [párias], (pessoas) cegas ou surdas de nascença, loucos, idiotas e mudos, bem como portadores de deficiências de qualquer órgão (que afetam a mobilidade ou os sentidos), não recebem nenhuma parcela.

202. Mas é justo que (um homem) que conhece (a lei) dê, mesmo a todos eles, alimento e roupas *sem obedecer limites*[81], na medida de sua capacidade. Aquele que assim age não se tornará um proscrito [pária].

203. Se o eunuco e os demais desejarem de uma maneira ou outra (tomar) esposas, a prole dos que entre eles conseguirem ter filhos é digna de uma parcela.

204. Não importa qual seja a propriedade que o (filho) mais velho adquira (pelo seu próprio esforço) depois da morte do pai, uma parcela dessa propriedade (pertencerá) aos seus (irmãos) mais novos, desde que estes tenham feito o devido progresso na aquisição de conhecimento.

205. Mas se todos eles, sendo destituídos de conhecimento, adquirem propriedade por meio de seu trabalho, a divisão dessa propriedade será igual, (considerando-se que) não é propriedade adquirida pelo pai: esta é uma regra estabelecida.

206. *A propriedade (adquirida) por conhecimento*[82] pertence unicamente àquele a quem (foi dada), igualmente o presente de um

---

81. ...*without stint*,..., ou seja, sem poupar recursos. (N.T.)
82. ...*Property (acquired) by learning*..., Bühler indica a explicação de alguns eruditos: "uma remuneração recebida por ensino ou dinheiro recebido por competência em uma arte". (N.T.)

amigo, um presente recebido no casamento ou *com a mistura de mel*[83].

207. Mas se um dos irmãos, sendo capaz de (sustentar a si mesmo) por meio de sua própria ocupação, não deseja (uma parte) da propriedade (da família), ele pode se tornar separado (por ação dos outros), recebendo um valor ínfimo de sua parte do que viver.

208. Aquilo que um (irmão) possa adquirir mediante seu trabalho sem recorrer ao patrimônio, essa aquisição (produzida somente) por seu próprio esforço não será por ele compartilhada (com seus irmãos), a não ser que ele próprio queira compartilhá-la.

209. Mas se um pai recupera uma propriedade dos ancestrais que estava perdida, ele não a dividirá com seus filhos, a não ser que queira fazê-lo, (pois se trata de) (propriedade) autoadquirida.

210. Se irmãos (uma vez) separados, mas que passam a viver (novamente) juntos (como coherdeiros), fazem uma segunda partilha, nesse caso a divisão será igual; em tal caso não há direito de primogenitura.

211. Se o (irmão) mais velho ou o mais novo é privado de sua parcela, ou se um ou outro deles morre, sua parcela não é perdida (para seus herdeiros imediatos).

212. Seus irmãos uterinos, tendo se reunido, a dividirão igualmente, e aqueles irmãos que foram reunidos (a ele) e as irmãs uterinas.

213. O irmão mais velho que, movido por avareza, possa defraudar os mais jovens, não (ocupará mais a posição de) o irmão mais

---

83. ...*with the honey-mixture*: Bühler esclarece que há divergência entre os eruditos quanto ao que significa esta expressão. Alguns entendem que é "o pagamento feito para a celebração de um sacrifício", ao passo que outros entendem que é "qualquer presente recebido, em sinal de respeito, com a mistura do mel", e Bühler dá um exemplo de um desses eruditos, ou seja, "um vaso de prata". (N.T.)

velho, não receberá uma parcela (adicional de irmão mais velho), e será punido pelo rei.

214. Todos os irmãos que costumam cometer atos proibidos são indignos de (uma parcela da) propriedade, e o mais velho não fará (nada de sua) propriedade separada sem dar aos seus irmãos mais jovens (um equivalente).

215. Se irmãos não separados (que vivem com o pai) realizam um esforço conjunto (visando ganho), o pai deles não lhes dará, sob pretexto algum, parcelas desiguais (numa divisão da propriedade).

216. Um filho, porém, nascido depois da partilha, tomará sozinho a propriedade de seu pai ou, se algum (dos outros filhos) reunir-se com o (pai), ele partilhará com eles.

217. Uma mãe ficará com a herança de um filho (que morre) sem deixar descendentes; e se a mãe morre, a avó paterna tomará a propriedade.

218. E se após a devida distribuição de todos os débitos e ativos, de acordo com a regra, for descoberta qualquer (propriedade), deve-se dividi-la igualmente.

219. São declarados indivisíveis uma roupa, um veículo, ornamentos, alimento cozido, água, (escravas), propriedade destinada a usos piedosos ou sacrifícios e pastos.

220. A divisão (da propriedade) e as regras de atribuição (de parcelas) aos (diversos) filhos, tanto aqueles gerados em uma esposa quanto os demais, foram, assim, na (devida) ordem a ti declaradas; presta atenção (agora) às leis referentes ao jogo de azar.

221. Que o rei afaste de seu reino o jogo de azar e a aposta: estes dois vícios causam a destruição dos reinos dos príncipes.

222. O jogo de azar e as apostas equivalem a roubo ostensivo; o rei deverá sempre se empenhar pessoalmente em suprimir ambos.

223. Quando (coisas) inanimadas são usadas para (apostar dinheiro nelas), os homens chamam isso de jogo de azar (*dyûta*); quando seres animados são usados (com o mesmo objetivo), devemos conhecê-lo como [simplesmente] aposta (*samâhvaya*).[84]

224. Que o rei puna por meio de castigos físicos todas essas (pessoas) que jogam e apostam ou fornecem (uma oportunidade para isso), e igualmente *sudras* que assumem as marcas distintivas de (homens) *nascidos duas vezes*.

225. Que o rei expulse sem demora de sua cidade jogadores de jogos de azar, dançarinos e cantores, pessoas cruéis, pessoas pertencentes a uma seita herética, pessoas que se dedicam a ocupações proibidas e vendedores de bebidas alcoólicas.

226. Se tais (pessoas, que são) ladrões dissimulados, habitam o reino de um rei, elas se mantêm constantemente incomodando seus bons súditos por meio de suas práticas proibidas.

227. Em um *Kalpa anterior*[85] constatou-se que esse (vício do) jogo de azar causou grandes inimizades; portanto, um homem sábio não deveria praticá-lo, mesmo que o faça por entretenimento.

228. É permitido ao rei, segundo o seu próprio critério, aplicar punição a toda pessoa que se vicia no jogo de azar secreta ou ostensivamente.

229. Mas um *kshatriya*, um *vaisya* e um *sudra* incapazes de pagar uma multa, saldarão a dívida por meio de trabalho; um brâmane a pagará em prestações.

---

84. O exemplo moderno ocidental do primeiro caso seriam as fichas, cartas de baralho etc. utilizadas nos cassinos; do segundo, a corrida de cavalos. (N.T.)

85. Em sânscrito *purâkalpe*: a referência parece ser aos Kalpa-sutras, uma antiga coleção de máximas do bramanismo vinculadas aos Vedas. Mas a palavra *kalpa* também designa a doutrina da eterna alternância da criação e dissolução do universo, que nos remete, de alguma forma, ao que é representado no *Trimurti*. Ver nota 3. (N.T.)

230. O rei punirá mulheres, crianças menores, pessoas com desequilíbrio mental, pobres e doentes empregando um chicote, uma vara, ou uma corda e coisas semelhantes.

231. Mas aqueles nomeados (para a administração de) assuntos (públicos) que, *assados pelo fogo da riqueza*,[86] frustrarem os negócios dos demandantes, serão despojados de suas propriedades pelo rei.

232. Forjadores de editos reais, corruptores de seus ministros, assassinos de mulheres, crianças ou brâmanes, e aqueles que servem aos seus inimigos, serão executados por ordem do rei.

233. Sempre que qualquer (transação legal) tiver sido concluída ou (uma punição) aplicada de acordo com a lei, receberá a sanção do rei, que não a anulará.

234. Seja qual for a matéria que seus ministros ou o juiz possam ter estabelecido impropriamente, caberá ao rei, ele próprio, estabelecê-la (novamente) e multá-los em mil (*panas*).

235. O assassino de um brâmane, (um nascido duas vezes) que bebe (a bebida alcoólica chamada) *Surâ*, aquele que furta (o ouro de um brâmane), e aquele que viola o leito de um Guru, devem ser cada um e todos considerados pessoas que cometeram pecados mortais (*mahâpâtaka*).

236. Que a esses quatro, que não tenham cumprido penitência, o rei inflija castigo físico e multas de acordo com a lei.

237. Por violar o leito de um Guru, (a marca de) uma parte feminina será (impressa na testa com um ferro quente); por beber (a bebida alcoólica chamada) *Surâ* o sinal de uma taverna; por fur-

---

86. ...*baked by the fire of wealth*,..., Bühler: "...é uma analogia com a queima de potes de barro, e significa que essas pessoas, influenciadas pela riqueza, experimentam uma mudança para pior, tal como um pote aquecido no fogo muda sua cor, ou, como sustentam os Vaiseshikas, sua natureza". (N.T.)

tar (o ouro de um brâmane) a pata de um cão; por assassinar um brâmane, um cadáver sem cabeça.

238. Excluídos de toda companhia nas refeições, excluídos de todos os sacrifícios, excluídos da educação e dos laços matrimoniais, considerados abjetos e excluídos de todos os deveres religiosos, que vagueiem por (esta) Terra.

239. Tais (pessoas) que foram estigmatizadas com marcas (indeléveis) devem ser rejeitadas por seus parentes paternos e maternos, e não serem objeto nem de compaixão nem de saudação: este é o ensinamento de Manu.

240. Entretanto, (homens de) todas as castas que cumprem as penitências prescritas, não devem ser marcados na testa pelo rei, mas serão obrigados a pagar a mais elevada das multas.

241. Por (tais) transgressões, a multa mais próxima da mediana será aplicada a um brâmane, ou lhe será permitido o banimento do reino, mantendo tanto seu dinheiro quanto seus bens móveis.

242. Mas (homens) de outras (castas), que tenham cometido tais crimes não intencionalmente, devem ser despojados de todas as suas propriedades; se (os tiverem cometido) intencionalmente, serão banidos.

243. Um rei virtuoso não deve tomar para si a propriedade de um homem culpado de pecado mortal; mas se o fizer motivado por cobiça, ficará maculado com a culpa (do transgressor).

244. Tendo lançado essa multa na água, que ele a ofereça a Varuna, ou que ele a conceda a um brâmane instruído e virtuoso.

245. Varuna é o senhor da punição, pois ele empunha o cetro até sobre reis; um brâmane que aprendeu a totalidade dos Vedas é o senhor do mundo inteiro.

246. No (país) em que o rei evita tomar a propriedade daqueles que cometem pecado (mortal), as pessoas nascem na hora (devida) (e) vivem muito,

247. E as colheitas dos agricultores não demoram a surgir, cada uma de acordo com o que foi semeado, e as crianças não morrem e não nascem (descendentes) deformados.

248. Mas o rei infligirá vários (tipos de) castigos físicos aterrorizantes a um (*sudra*) de nascimento vil, que intencionalmente causa sofrimento aos brâmanes.

249. Quando um rei pune (alguém) inocente, sua culpa é considerada tão grande quanto quando ele liberta alguém culpado; mas (ele adquire) mérito quando pune (com justiça).

250. Assim, o (como) decidir processos (enquadrados) nos dezoito títulos, entre partes litigantes, foi exposto detalhadamente.

251. É permitido a um rei que, desse modo, cumpre devidamente suas obrigações de acordo com a justiça, buscar conquistar países que ainda não conquistou, e ele os protegerá devidamente quando os tiver conquistado.

252. Tendo organizado adequadamente seu país e tendo construído fortes de acordo com as Instituições, ele fará, de sua parte, máximos esforços para eliminar (as pessoas que são nocivas como) espinhos.

253. Protegendo os que vivem como (convém) a arianos e removendo os espinhos, os reis, cujo único objetivo é ser guardião de seus súditos, alcançam o céu.

254. O reino do rei que toma sua parte em espécie, ainda que não puna os ladrões, (será) transtornado e ele (perderá) o céu.

255. Mas se seu reino for seguro, protegido pela força de seu braço, florescerá constantemente como uma planta (bem) regada.

256. Que o rei que (tudo) vê através de seus espiões, descubra os dois tipos de ladrões que despojam os outros de suas propriedades, tanto os que (se mostram) ostensivamente quanto os que (permanecem) ocultos.

257. Entre eles, os velhacos ostensivos (são os) que subsistem (enganando na venda de) várias mercadorias no comércio, mas os velhacos ocultos são os arrombadores, os assaltantes nas florestas etc.

258. Aqueles que aceitam subornos, trapaceiros e tratantes, jogadores, os que vivem ensinando (a celebração de) cerimônias auspiciosas, os santarrões hipócritas e os adivinhos,

259. Funcionários que ocupam altos postos e médicos que atuam de maneira imprópria, pessoas que vivem exibindo sua competência nas artes e prostitutas astuciosas,

260. Esses e semelhantes que se mostram abertamente, bem como outros que andam disfarçados (tais como) não arianos que usam as marcas de arianos, o rei deveria saber que são espinhos (junto ao seu povo).

261. Depois de descobri-los por intermédio de pessoas confiáveis que, se disfarçando (fingem) se ocuparem da mesma atividade, e por meio de espiões que se servem de vários disfarces, o rei deve estimulá-los (a cometer transgressões) que lhe permitam fazê-los cair em seu poder.

262. Então, tendo feito os crimes cometidos por eles por meio de diversas ações serem proclamados com base nos fatos, o rei os punirá devidamente segundo a força deles e seus crimes.

263. Com efeito, a maldade dos ladrões imbuídos de maus pensamentos, que rondam secretamente por esta Terra, só pode ser refreada por punição.

264. Casas que são pontos de reunião, casas onde água é distribuída ou bolos são vendidos, bordéis, tavernas e estalagens, encruzilhadas, árvores bem conhecidas, assembleias para festividades, teatros e salas de música,

265. Velhos jardins, florestas, ateliês de artistas, habitações vazias, bosques naturais e artificiais,

266. Esses e outros lugares semelhantes o rei fará serem vigiados por companhias de soldados, tanto estacionários quanto em patrulhas, e por espiões, com o objetivo de manter os ladrões longe.

267. Servindo-se de inteligentes ladrões que se corrigiram e que se associam a tais (velhacos), que os sigam e conheçam suas várias maquinações, o rei deverá descobrir e destruir os velhacos.

268. Com o pretexto de (oferecer-lhes) diversas iguarias, apresentá-los a brâmanes, e com o pretexto de (mostrar-lhes) façanhas valorosas, os (espiões) devem conduzi-los aos (oficiais de justiça).

269. Aqueles dentre eles que não se conseguir conduzir aos oficiais de justiça e aqueles que suspeitarem dos velhos (ladrões empregados pelo rei), serão atacados pelo rei e exterminados juntamente a seus amigos, familiares e parentes.

270. Um rei justo não ordenará a execução de um ladrão (a não ser que seja pego) com os objetos roubados (em sua posse); quanto ao que (for pego) com os objetos roubados e os instrumentos (de arrombamento), é permitido ao rei que ordene, sem hesitar, sua execução.

271. O rei deverá ordenar a execução também de todos os habitantes dos povoados que alimentam os ladrões ou lhes concedem um lugar para (esconderem seus instrumentos de roubo).

272. Ele punirá sem demora, tal como pune ladrões, aqueles que, tendo sido designados para proteger as províncias e seus vassalos e ordenados a (prestar ajuda), permaneceram (inativos) diante de ataques (dos ladrões).

273. Ademais, se (uma pessoa) que subsiste (pelo cumprimento da) lei afasta-se da regra estabelecida pela lei, ela será severamente punida pelo (rei) mediante uma multa (por haver) transgredido seu dever.

274. Aqueles que não prestam ajuda, na medida de sua capacidade, quando um povoado é saqueado, uma represa destruída, ou é cometido um roubo na estrada, serão banidos com suas coisas e bens móveis.

275. O rei infligirá vários tipos de pena capital aos que roubam seu tesouro e aos que insistem em se opor (às suas ordens) e, igualmente, aos que conspiram contra ele com seus inimigos.

276. O rei ordenará que sejam cortadas as mãos dos ladrões que, invadindo as casas, cometem furtos noturnos, e que sejam empalados em uma estaca pontiaguda.

277. Na primeira condenação, que ele faça com que dois dedos de um batedor de carteiras sejam amputados; na segunda, uma mão e um pé; na terceira, a punição será a morte.

278. O governante punirá como ladrões os que concederem (a ladrões) fogo, alimento, armas ou abrigo, e os que receberem artigos roubados.

279. Ordenará a execução daquele que romper (a barragem de) um reservatório (afogando-o) na água, ou por meio de (alguma outra) (forma) simples de pena de morte; ou o transgressor poderá reparar o (dano), mas sendo obrigado a pagar a mais elevada das multas.

280. Ordenará, sem hesitar, a execução dos que invadem com intenção de roubo um armazém (do rei), um depósito de armas, ou um templo, e os que furtam elefantes, cavalos, bigas ou carruagens.

281. Entretanto, quem retirar água de um reservatório construído na antiguidade, ou interromper o abastecimento de água, deverá ser obrigado a pagar a primeira (ou mais baixa) das multas.

282. Aquele, porém, que, a não ser em caso de extrema necessidade, jogar imundície na estrada real,[87] pagará dois *kârshâpanas* e removerá imediatamente (essa) imundície.

283. Mas uma pessoa em necessidade urgente, uma pessoa idosa, uma mulher grávida, ou uma criança serão [apenas] repreendidas e [intimadas] a limpar o (lugar): esta é uma regra estabelecida.

284. Todos os médicos que tratarem erroneamente (seus pacientes) (pagarão) uma multa; no caso de animais, a primeira (ou mais baixa) das multas; no caso de seres humanos, a (multa) mais próxima da média.

285. Aquele que destrói uma ponte, o emblema (de um templo ou palácio real), um poste, ou imagens, fará o reparo de todo o (dano) e pagará quinhentos (*panas*).

286. Para quem adulterar mercadorias genuínas, quebrar pedras preciosas ou perfurá(-las) inadequadamente, a multa é a primeira (ou a mais baixa).

287. Mas a pessoa que se comporta desonestamente com (fregueses) honestos ou trapaceia nos preços será multada na primeira ou na multa mais próxima da média.

288. Que o rei instale todas as prisões perto de uma estrada, onde os transgressores que sofrem e estão desfigurados possam ser vistos.

289. Aquele que destrói o muro (de uma cidade), ou enche o fosso (que rodeia uma cidade), ou quebra um portão (da cidade), será banido imediatamente.

290. Será aplicada uma multa de duzentos (*panas*) no caso de todos os encantamentos que visam a destruir a vida, rituais mágicos em que são empregadas raízes (praticados por pessoas) não rela-

---

87. Entenda-se, provavelmente, defecar na estrada real. (N.T.)

cionadas (com a pessoa contra quem são dirigidos), e no caso de vários tipos de feitiçaria.

291. Aquele que vende (como semente o que não é) semente, aquele que acolhe semente (já semeada) e aquele que destrói um (marco) divisório serão punidos por meio de mutilação.

292. Mas quanto ao ourives que se comporta desonestamente, e que é o mais nocivo de todos os espinhos, o rei ordenará que ele seja retalhado com navalhas.

293. No caso de roubo de implementos agrícolas, de armas e de remédios, que o rei decida a punição levando em consideração *a época*[88] (do crime) e o uso (do objeto).

294. O rei, seu ministro, sua capital, seu reino, seu tesouro, seu exército e seu aliado são as sete partes constituintes (de um reinado); (daí) dizer-se que um reinado tem sete membros (*anga*).

295. Mas que ele saiba (que) entre essas sete partes constituintes de um reinado, (as quais foram enumeradas) na devida ordem, cada uma que é (nomeada) na posição mais anterior é mais importante, e (sua destruição) a calamidade maior.

296. Entretanto, em um reinado contendo sete partes constituintes que é mantido como o triplo cajado (de um asceta), não há nenhuma (parte isolada) mais importante (do que as outras), em razão da importância das qualidades de cada uma para as demais.

297. Pois cada parte está particularmente qualificada para (o cumprimento de) certos objetivos, (e assim) se diz que cada uma é a mais importante para aquele objetivo particular alcançado por meio dela.

---

88. Bühler exemplifica com um arado que é roubado na estação em que a terra é arada, e com uma arma que é roubada exatamente antes de uma luta ou durante a luta. (N.T.)

298. Recorrendo a espiões, a uma exibição (simulada) de poder e à realização de (vários) empreendimentos, que o rei avalie constantemente sua própria força e a de seu inimigo;

299. Ademais, [que avalie] todas as calamidades e vícios; depois, quando tiver considerado plenamente a importância relativa deles, que ele inicie suas operações.

300. (Embora fique) sempre bastante cansado (devido a fracassos que se repetem), que reinicie suas operações reiteradamente, pois a fortuna favorece muito o homem que se esforça (energicamente) nos seus empreendimentos.

301. As diversas maneiras nas quais o rei se comporta (assemelham-se) às eras de Krita, Tretâ, Dvâpara e Kali; consequentemente, o rei é identificado com as eras (do mundo).

302. Dormindo, ele representa a era de Kali (ou idade do ferro); acordando, a era de Dvâpara (ou idade do bronze); pronto para agir, a era de Tretâ (ou idade da prata); mas movendo-se (ativamente), a era de Krita (ou) idade (do ouro).

303. Que o rei imite a ação vigorosa de Indra, do Sol, do Vento, de Yama, de Varuna, da Lua, do Fogo e da Terra.

304. Tal como Indra envia chuvas abundantes durante os quatro meses da estação de chuvas, que o rei, igualmente, assumindo para si a função de Indra, verta copiosamente benefícios no seu reinado.

305. Tal como o Sol durante oito meses (imperceptivelmente) suga a água com seus raios, que o rei, igualmente, cobre gradualmente seus impostos de seu reino, pois essa é a função na qual ele se assemelha ao Sol.

306. Tal como o Vento se movimenta (por toda parte), entrando (sob a forma do ar vital) em todos os seres criados, que o rei, igualmente, penetre (em todo lugar) através de seus espiões; essa é a função na qual ele se assemelha ao Vento.

307. Tal como Yama, no tempo fixado, submete ao seu governo tanto amigos quanto inimigos, igualmente todos os súditos devem ser controlados pelo rei; essa é a função na qual ele se assemelha a Yama.

308. Tal como (um pecador) é visto amarrado com cordas por Varuna, que ele, igualmente, puna os maus; essa é sua função na qual ele se assemelha a Varuna.

309. Ele é um rei, assumindo para si a função da Lua, cuja (aparição) é (saudada por) seus súditos (com tanta alegria) quanto aquela sentida pelos seres humanos ao contemplarem a lua cheia.

310. (Se) ele é ardoroso na ira contra os criminosos e dotado de uma energia fulgurante, e destrói vassalos perversos, então se diz de seu caráter que (se assemelha) ao do Fogo.

311. Tal como a Terra ampara todos os seres criados igualmente, assim (um rei) que ampara todos os seus súditos, (assume para si) a função da Terra.

312. Empregando esses e outros meios, o rei, sempre incansável, contém os ladrões tanto em seus próprios domínios quanto (nos domínios) alheios.

313. Que ele, ainda que mergulhado no mais profundo abatimento, não provoque a cólera dos brâmanes, pois estes, quando encolerizados, poderiam imediatamente destruí-lo juntamente a seu exército e seus veículos.[89]

314. Quem poderia escapar da destruição ao provocar a cólera desses (homens), por meio dos quais o fogo foi feito para consumir todas as coisas, por meio dos quais a (água do) oceano foi tornada

---

89. Não esqueçamos que os reis pertencem a uma casta inferior à dos brâmanes. (N.T.)

não potável, e por meio dos quais a lua foi feita para ser minguante e novamente crescente?

315. Quem poderia prosperar ofendendo esses (homens) que, incitados à cólera, poderiam criar outros mundos e outros guardiões do mundo, e privar os deuses de sua posição divina?

316. Qual o ser humano, desejoso de viver, que ofenderia aqueles a cuja sustentação os (três) mundos e os deuses sempre devem sua existência, e cuja riqueza são os Vedas?

317. Um brâmane, seja ele ignorante ou instruído, é uma grande divindade, tal como o fogo, produzido ou não (para a celebração de uma oblação pelo fogo), é uma grande divindade.

318. O fogo resplandecente não é contaminado mesmo em cemitérios, e quando apresentado com oblações (de manteiga) nos sacrifícios, ele volta a crescer poderosamente.

319. Assim, embora os brâmanes se dediquem a todos os (tipos de) ocupações vis, devem ser honrados de todas as formas, pois (cada um) deles é uma divindade grandiosa.

320. Quando os *kshatriyas* se tornam, de algum modo, arrogantes com os brâmanes, os próprios brâmanes os conterão devidamente, pois os *kshatriyas* surgiram a partir dos brâmanes.

321. O fogo surgiu da água, os *kshatriyas* dos brâmanes, o ferro da pedra; a força totalmente penetrante desses (três) não exerce nenhum efeito sobre aquilo a partir de onde eles foram produzidos.

322. *Kshatriyas* não prosperam sem os brâmanes, e estes não prosperam sem os *kshatriyas*; brâmanes e *kshatriyas*, estando estreitamente unidos, prosperam neste (mundo) e no próximo.

323. Mas (um rei que sente que seu fim está próximo) concederá toda sua riqueza, acumulada a partir de multas, aos brâmanes, transferirá seu reinado ao seu filho, e então buscará a morte no campo de batalha.

324. Assim conduzindo a si mesmo (e) sempre na intenção de (cumprir) seus deveres réais, um rei ordenará a todos os seus servos (que trabalhem) para o bem de seu povo.

325. Desse modo, a lei eterna relativa aos deveres de um rei foi totalmente proclamada; saiba que as regras seguintes se aplicam na (devida) ordem aos deveres do *vaisyas* e dos *sudras*.

326. Depois que um *vaisya* recebeu os sacramentos e tomou uma esposa, dará sempre atenção à ocupação pela qual possa subsistir e (à de) cuidar do gado.

327. Pois quando o Senhor das criaturas (Pragâpati) criou o gado, ele o transferiu ao *vaisya*; ao brâmane e ao rei ele confiou todos os seres criados.

328. "Eu não cuidarei do gado" é um desejo que o *vaisya* jamais deve conceber; e se um *vaisya* deseja (cuidar dele), o gado não deve nunca ser cuidado por (homens de) outras (castas).

329. (Um *vaisya*) deve conhecer o respectivo valor das pedras preciosas, das pérolas, do coral, dos metais, dos (tecidos) feitos de fios, dos perfumes e dos condimentos.

330. Deve estar familiarizado com o (modo de) lançar as sementes, conhecer as boas e más qualidades dos campos e ter perfeito conhecimento de todas as medidas e pesos.

331. Ademais, [deve conhecer] a excelência e os defeitos das mercadorias, as vantagens e desvantagens [para o comércio com] os (diferentes) países, o lucro e prejuízo (prováveis) com as mercadorias, e os meios de criar o gado adequadamente.

332. Deve conhecer quais são os salários (apropriados) dos servos, as diversas línguas dos seres humanos, a maneira de armazenar as mercadorias e (as regras relativas) à compra e venda.

333. Que ele se empenhe ao máximo a fim de aumentar sua propriedade de uma maneira honesta, e que ele alimente zelosamente todos os seres criados.

334. Mas o supremo dever de um *sudra*, o qual o conduz à beatitude, é servir aos brâmanes (que são) instruídos nos Vedas, chefes de família e famosos (por sua virtude).

335. (Um *sudra* que é) puro, o servo daqueles que são melhores do que ele, gentil na sua fala e sem altivez e que sempre busca um refúgio junto aos brâmanes, alcança (em sua próxima vida) uma casta superior.

336. A excelente lei para a conduta [dos membros] das (quatro) castas (*varna*) (quando não estiverem [em tempos] de desgraça foi assim promulgada;...[90]

---

90. A partir deste trecho, as leis passam a citar as recomendações para os tempos de paz. Em conformidade às edições comumente mais aceitas tradicionalmente, estes trechos não estão incluídos nesta edição.

LEIS DAS DOZE TÁBUAS

FRAGMENTOS

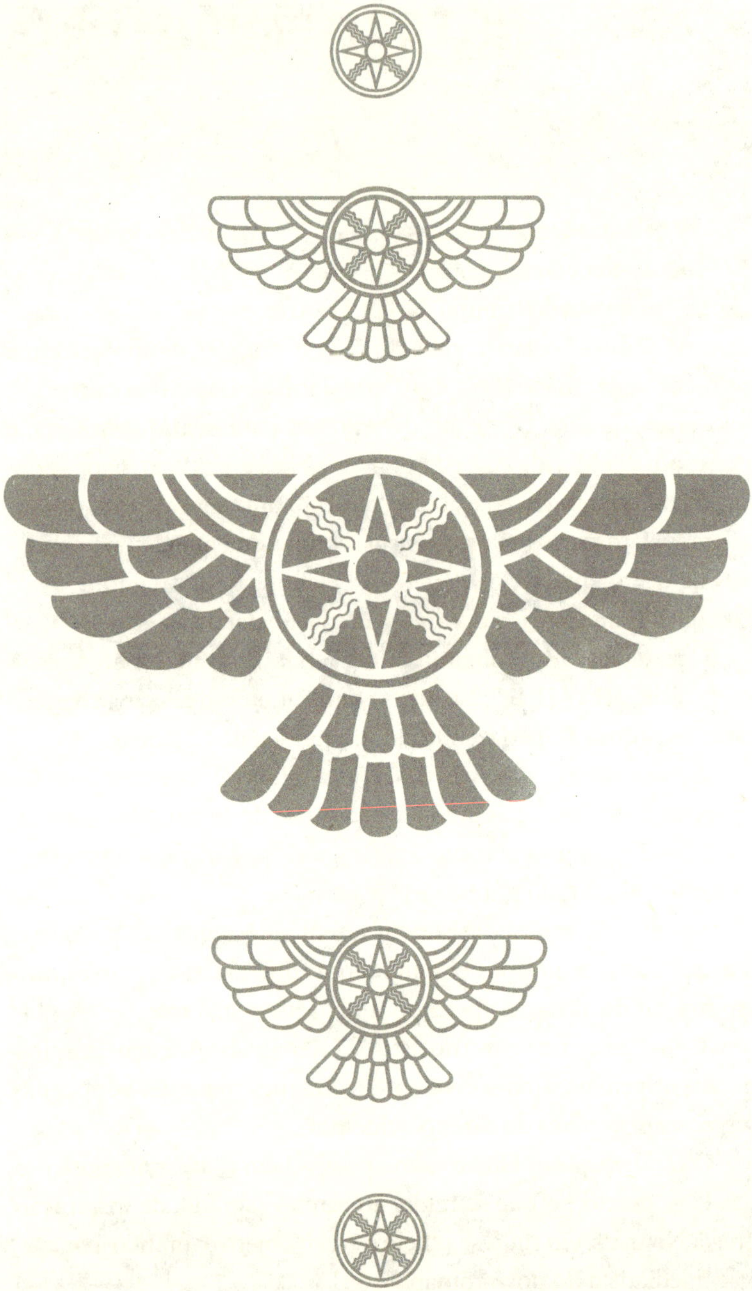

NOTA INTRODUTÓRIA

As Leis das Doze Tábuas são também chamadas de *Lex, Legis XII Tabularum* ou ainda *Lex Decenviralis*.

Por proposta do tribuno Tarentílio Arsa, em 462 a.C., é nomeada uma comissão encarregada de redigir uma lei, dando origem à primeira redação das Leis das Doze Tábuas. Depois de oito anos, foi designada uma comissão de *patrícios* para ir à *Magna Grécia*, isto é, a Itália Meridional, e lá estudar as leis gregas em vigor como base para uma nova redação. No retorno, dois anos depois, os magistrados ordinários são suspensos, confiando então a uma comissão de dez membros, os *decênviros*, eleitos no ano seguinte pelos comícios centuriatos, o encargo da redação definitiva da lei.

O resultado é um conjunto de dez tábuas, gravadas sobre bronze ou carvalho, em 451 a.C. No ano seguinte, outras duas são acrescentadas às primeiras, perfazendo assim um total de 12 tábuas.

A importância das Leis das Doze Tábuas é incontestável. Os próprios romanos, aceitando a observação do historiador Tito Lívio, consideravam-nas como a *fons omnis publici privatique juris*, fonte de todo direito público e privado.

Seu grande valor consiste em terem sido umas das primeiras leis que ditavam normas eliminando as diferenças de classes, isto em função de as leis do período monárquico não mais se adaptarem à nova forma de governo, isto é, à República. Ademais, tais leis deram origem ao direito civil em civilizações romanas, bem como ofereceram as bases do direito ocidental.

O caráter tipicamente romano é visível em todas as disposições das Leis, exceto no que se refere ao direito sagrado, de inspiração grega. No mais, em tudo se reflete o traço objetivo, prático, concreto e imediatista do povo romano.

Apesar de as Tábuas originais terem sido destruídas em 390 a.C., durante a guerra contra os gauleses, seu conteúdo havia sido divulgado de tal modo pelos autores latinos que puderam ser reconstituídas em grande parte, por meio dos inúmeros fragmentos restantes.

Nota dos Editores

LEIS DAS DOZE TÁBUAS

Primeira tábua

1. Se citado em justiça, que compareça.

2. Se não comparecer, uma vez interpeladas as testemunhas, que seja preso.

3. Na tentativa de enganar ou fugir, que seja trazido à força.

4. Se doente ou velho, que aquele que o citou lhe dê um *cavalo*[1], mas não coberto se não o quiser.

5. Se há alguém para oferecer defesa, que seja libertado.

6. Que o rico ofereça defesa para os ricos; para o pobre, que qualquer um a ofereça.

7. Se no caminho chegam a um acordo, que seja validado o acordo.

8. Não havendo acordo, que, com ambas as partes presentes, a causa seja conhecida no *Comício*[2] ou no *Forum* antes do meio-dia.

9. Após o meio-dia, [na ausência de uma das partes], dá-se razão [ganho de causa] à parte presente.

10. Ao pôr do sol todo litígio cessa.

---

1. ...*jumentum*..., porém Valeriani explica que não se trata de um cavalo, digamos nós, a ser montado pela pessoa enferma ou velha, mas de "uma carroça puxada por dois cavalos". (N.T.)

2. ...*Comizio/Comitio*..., Valeriani: "parte coberta do *Fórum*". (N.T.)

Segunda tábua

1. Confirmado o juiz ou o árbitro, que se deem cauções e subcauções; o contumaz paga os custos do processo abandonado.

2. Se o juiz ou o árbitro, ou um litigante, quer devido à doença, quer devido a um voto, ou ausência por serviço à República, ou não podendo comparecer naquele dia por ter sido citado por estrangeiros, não se apresenta, que se marque um outro dia.

3. Aquele que não tem testemunhas irá, durante três dias de feira, bradar diante da casa [da parte contrária].

4. Se ocorreu um furto à noite e o ladrão é morto, com justiça foi punido com a morte.

5. Se o furto ocorreu de dia e o ladrão é pego em flagrante, que seja flagelado e tornado escravo de quem furtou.

6. [Se] escravo, flagelado até a morte e precipitado *da rocha Tarpeia*[3].

7. Aquele que não atingiu a puberdade, que seja flagelado a critério do pretor e condenado a compensar o prejuízo.

8. Se o ladrão, [no caso de a vítima reagir] defende-se com uma arma, que o [assaltado] grite pelo auxílio do povo, e se depois o mata, matou-o legitimamente.

9. Se é certificado legalmente que o objeto furtado se acha em uma casa, o furto é punido como manifesto.

10. A punição do furto não manifesto é o dobro.

11. Aquele que corta prejudicialmente árvores alheias pagará uma indenização de 25 asses por árvore.

12. Para o ladrão que chegou a um acordo em relação ao furto, não há demanda.

13. Que seja eterno o direito de propriedade da coisa furtada.

---

3. ...*saxo*... . (N.T.)

Terceira tábua

1. Aquele que, de maneira enganosa, comete uma transgressão em relação ao depósito, terá que pagar o dobro.

2. Aquele que pratica a usura cobrando juros além da duodécima parte será condenado a pagar o quádruplo.

3. O direito de propriedade jamais cabe a um estrangeiro.

4. Que se dê ao devedor confesso e condenado a protelação de trinta dias.

5. Depois disso, que seja preso e conduzido à justiça.

6. Condenado sem pagar [a dívida] e sem fiador, que o credor o amarre pelos pés com cadeias de ferro com peso máximo de 15 libras, ou menos, se assim desejar o credor.

7. Se o desejar, [o devedor] viverá às suas custas; se este não for o caso, que quem o mantém preso lhe dê uma libra de *farro*[4] por dia, e, se o desejar, mais do que isso.

8. Se não entram em um acordo, que o devedor permaneça a ferros sessenta dias, período no qual será conduzido em três dias de feira ao *Comício*, onde se proclamará de qual quantia ele é devedor.

9. Mas se os credores são muitos, depois do terceiro dia de feira que se parta em pedaços o corpo [do devedor], não importa se em mais ou menos pedaços, isto sem incorrer em culpa; se os credores quiserem, poderão vender o devedor além do Tibre.

Quarta tábua

1. Permite-se ao pai matar o filho que nasce notavelmente *disforme*[5].

---

4. ...*farris/farro*..., cereal semelhante ao trigo. Trata-se aqui de 1 libra de pão. (N.T.)
5. ...*deformitatem/deforme*..., ou deformado, desfigurado. (N.T.)

2. Ele tem o poder de vida e morte sobre os filhos *legítimos*[6], inclusive o de vendê-los.

3. Que seja libertado do poder do pai um filho que já foi vendido três vezes.

4. Que seja legítimo o [filho] póstumo nascido no décimo mês da morte do pai.

Quinta tábua

1. No que diz respeito às pessoas [tutela dos filhos] e aos bens, o determinado pelo pai de família [em testamento] é lei.

2. Mas se ele morre intestado e não tem herdeiros, o agnado mais próximo será o herdeiro.

3. Na falta de agnados, os bens caberão aos *parentes colaterais*[7] da família.

4. Se um liberto morre intestado e sem filhos, mas o patrono ou seus filhos sobrevivem, que a herança [os bens] passe da família do liberto ao parente mais próximo da família [do patrono].

5. Que débitos e créditos sejam divididos entre os herdeiros conforme a porção de cada um.

6. Quanto à divisão de quaisquer outras coisas, os herdeiros, se o desejarem, poderão fazer essa partilha, para o que o pretor indicará três árbitros.

7. Se o pai de família morrer intestado e o herdeiro não tiver alcançado a puberdade, a sua tutela caberá ao agnado mais próximo.

8. Quanto ao louco ou pródigo, não tendo ele um tutor, seus bens ficarão em poder dos agnados e dos parentes colaterais [cognados].

---

6. ...*justis/legittimi*... . (N.T.)
7. ...*gentilis/affini*...: cognados. (N.T.)

Sexta tábua

1. Com respeito a qualquer coisa dada em penhor ou vendida, que a lei seja cumprida conforme o estipulado.

2. Quem não a cumprir será condenado a pagar o dobro [do valor envolvido].

3. O escravo libertado mediante uma soma,[8] sob a condição de pagá-la, [tendo sido vendido antes de fazê-lo,] será efetivamente libertado ao entregar essa soma ao comprador.

4. A coisa vendida, ainda que já entregue, não é adquirida até o momento em que é paga.

5. Dois anos de uso constituem uma usucapião relativo a terras, um ano no que se refere a coisas móveis.

6. A mulher que morou na casa de um homem por um ano como se casada, se não se ausentar da casa por três noites, que seja considerada esposa legítima.

7. Se uma coisa está em litígio, que o pretor a entregue provisoriamente a quem detém a posse; mas se o que está em causa é a liberdade de alguém, que ele lhe dê a liberdade provisória.

8. A madeira empregada para construir uma casa ou para suportar uma videira não deve ser removida.

9. Quem removê-la será condenado a pagar o dobro [do seu valor].

10. Sendo a madeira [removida da construção], que [possa seu proprietário] recuperá-la.

11. A mulher que bebeu vinho, que se apoderou das chaves ou as falsificou, que para o homem ou para os filhos preparou veneno, que desonrou o cônjuge, que seja morta ou, caso se o prefira, que seja repudiada pelo marido.

---

8. ...*Statuliber*..., Valeriani esclarece o termo em latim: "escravo libertado pelo testamenteiro sob uma condição". (N.T.)

12. No caso de desejar repudiar a esposa, que o marido dê para isso uma causa.

Sétima tábua

1. No caso de um quadrúpede causar um *dano*[9], que o seu dono indenize o prejudicado ou conceda o [próprio] animal ao prejudicado.

2. Que seja reparado o dano que ocorreu casualmente.

3. Aquele que opera encantamentos contra os produtos da terra alheia...

4. Que os colheu à noite furtivamente antes de amadurecerem ou os cortou após o amadurecimento, que seja morto enforcado diante de Ceres[10].

5. Se não atingiu a puberdade, será flagelado a critério do pretor e condenado a indenizar o dano causado no dobro do seu valor.

6. Aquele que faz pastar seu rebanho em campo alheio...

7. Que aquele que incendiou deliberadamente uma casa ou um monte de trigo próximo de uma casa seja amarrado, flagelado e depois morto pelo fogo.

8. Mas se o que aconteceu foi acidental, que compense o dano; e se não puder fazê-lo, que seja submetido a uma punição leve.

9. Aquele que causar danos superficiais pagará uma indenização de 25 asses.

10. Aquele que insultar publicamente outra pessoa ou escrever coisas infamantes ou ignominiosas sobre ela será punido com bastonadas.

---

9. ...*pauperiem/guastò*... . (N.T.)
10. A deusa da agricultura na mitologia romana, correspondente à Demeter grega. (N.T.)

11. Aquele [que ferir outra pessoa] causando a ruptura de um membro, se não houver nenhum acordo, sofrerá a pena de Talião.¹¹

12. Aquele que fraturar o osso de um homem livre pagará [uma multa] de 300 sestércios, e 150 no caso de um escravo.

13. Aquele que foi testemunha ou atuou como *libripende*¹², e se nega a testemunhar, incorrerá em infâmia e *será impedido de fazer testamento*¹³.

14. Aquele que prestar falso testemunho será precipitado da rocha Tarpeia.

15. Se uma pessoa matou deliberadamente um homem livre, ou se servindo de feitiçaria ou administrando veneno, essa pessoa será executada.

16. Mas se a morte ocorreu acidentalmente, a pessoa que matou imolará um carneiro em favor do morto e em favor de seus filhos na assembleia.

17. Aquele que matou o pai ou a mãe terá a sua cabeça encoberta e, encerrado em um *saco de couro costurado*¹⁴, que seja arremessado ao mar.

18. Que seja desonrado o tutor que administra com dolo, e consumada a tutela, que ele seja condenado a pagar o dobro do que subtraiu.

19. Que seja considerado execrável o patrono que trai seu cliente.

---

11. Ou seja, terá um de seus próprios membros rompido. (N.T.)

12. ...*libripensve/pesatore*..., Valeriani esclarece: "pesador público, aquele que nas vendas portava a balança na qual se pesava o metal, com o qual se pagava antes do uso da moeda". (N.T.)

13. Valeriani explica com precisão o sentido de *intestabilis*: "aquele que não podia receber nada para testamento, ser testemunha e contar com alguém para testemunhar". (N.T.)

14. ...*culeoque/cuojo* [cuoio].

Oitava tábua

1. Que o intervalo entre duas construções seja de 2 pés e meio.

2. Que os membros de uma corporação estabeleçam as leis que quiserem, desde que não causem dano à coisa pública.

3. Não é permitido jamais *tomar posse pelo uso*[15] de um trecho de 5 pés entre [campos limítrofes].

4. Se houver desacordo quanto aos limites dos campos, o pretor indicará três árbitros para decidir.

5. A vila, o jardim, a choupana.

6. Quanto à árvore que se inclina sobre a área cultivada vizinha, [seus galhos devem ser podados] à altura de mais de 15 pés.

7. Se caem frutos dela [na área cultivada vizinha], o direito de colhê-los é do proprietário [da árvore].

8. Se devido a uma obra, a água da chuva causar prejuízo, o pretor indicará três árbitros para cuidar de sua contenção e exigir do proprietário [da obra] precauções contra o dano.

9. O caminho em linha reta deve ter 8 pés de largura e aquele em curva, 16.

10. Se a área a ser cultivada é *livre*[16], quem o quiser poderá conduzir a ela seu rebanho [para pastar].

Nona tábua

1. Que não sejam decretados privilégios.[17]

---

15. ...*auctoritas/usurparsi*..., usucapião. (N.T.)

16. ...*immunita*..., isto é, desprovida de cercas. (N.T.)

17. *Privilegia ne irroganto/Privilegj*[i] *non si decretino*. Valeriani nos auxilia aqui a entender o sentido exato de *privilégios*, ou seja, seriam leis propostas e decretadas a favor de *um* particular ou de *alguns* particulares, ou *contra um* particular ou *alguns* particulares. (N.T.)

2. Obrigação por dívida resolvida,[18] recuperada a credibilidade, e semelhante a quem a credibilidade nunca faltou, o devedor passa a ter igual direito.

3. Que seja executado o juiz ou árbitro que proferiu uma sentença com base no recebimento de dinheiro.

4. Que a vida de um cidadão seja tratada apenas nos grandes comícios da assembleia do povo.

5. Que aquele que não foi julgado ou condenado não cometa suicídio.

6. Inquisidores de parricídios que investigam crimes capitais gozam da confiança popular.

7. Que seja executado aquele que, na cidade, incita um *ajuntamento*[19] noturno.

8. Que seja executado aquele que incitou os *inimigos*[20] ou que entregou um concidadão ao inimigo.

Décima tábua

1. Que se faça estritamente o juramento pela máxima força da fé.

2. Que para o perjúrio a pena divina seja o extermínio e a humana, a desonra.

3. Que os sacrifícios privados durem perpetuamente.

4. Pessoas mortas não devem ser nem sepultadas nem queimadas na cidade.

---

18. Ou seja, uma vez paga (saldada) a dívida. (N.T.)
19. ...*coetus* [singular]/*tresche* [plural]...: o conceito sugere *intriga, conspiração*. (N.T.)
20. ...*perduellem/nemici*... . (N.T.)

5. Elimina a despesa e o luto aos *deuses Manes*[21] nos funerais dos mortos.

6. Não faças mais do que o permitido [pela lei].

7. Não polir a madeira cortada toscamente que será usada na pira com machado.

8. Não lançar gritos tumultuosos ao acompanhar o cortejo fúnebre.

9. Vista-se também o cadáver com três panos e três faixas de púrpura e que o cortejo seja acompanhado por dez flautistas.

10. Que durante os funerais as mulheres não arranhem os rostos nem, em meio ao choro, emitam brados.

11. Não tirar [da pira] restos dos ossos do morto para dar-lhe outro funeral, exceto se tiver morrido na guerra ou em país estrangeiro.

12. [Os corpos dos] escravos não devem ser untados com substâncias raras e nem seus funerais acompanhados de folguedos fúnebres.

13. Bálsamos não devem ser lançados sobre o morto, nem o vinho deve ser aspergido sobre a pira.

14. Não envolver o cadáver com uma longa coroa, nem utilizar turíbulos para queimar incenso junto ao cadáver.

15. Mas aquele que, por seu valor ou o dos seus, mereceu uma coroa, que a receba como ornamento, ele e seus genitores, durante o período em que seu corpo estiver em casa e durante o cortejo fúnebre.

16. Funerais e leitos fúnebres adicionais não devem ser realizados para o mesmo morto.

17. Não ornamentar um cadáver com ouro.

---

21. ...*deorum manium*...: os Manes era o título que se dava aos "deuses" bons, ou seja, os espíritos dos mortos e, sobretudo, dos pais mortos. (N.T.)

18. Se, porém, seus dentes eram presos com ouro, o corpo pode ser enterrado ou cremado com esse ouro.

19. Se não houver consentimento por parte do proprietário, não é permitido erguer uma pira ou cavar uma sepultura a menos de 60 pés da propriedade alheia.

20. Que o direito de propriedade do vestíbulo do sepulcro e da pira seja eterno.

Décima primeira tábua

1. Que seja confirmada como lei a última vontade do povo.

2. O casamento entre patrícios e plebeus não é permitido pela lei.

3. Consagrado...

Décima segunda tábua

1. Do penhor...

2. Aquele que *consagra aos deuses*[22] uma coisa litigiosa deverá pagar o dobro do valor dessa coisa.

3. Se uma pessoa obtém de má-fé a posse provisória de uma coisa em litígio, o pretor indicará três árbitros que sentenciarão o possuidor de má-fé a pagar o dobro dos frutos.

4. O escravo que, com o conhecimento de seu senhor, pratica um furto ou causa um prejuízo, deverá ser dado por seu senhor ao prejudicado, a título de indenização.

---

22. ...*sacrum dedicassit/consacri...agli Dei...* . (N.T.)

Este livro foi impresso pela Gráfica Grafilar
nas fontes Barbaro e Minion Pro sobre papel Pólen Bold 70 g/m²
para a Edipro na primavera de 2023.